의료 인공지능

AI문고

인공지능 시대입니다. 기계가 인간의 인지를 대신하고, 사물이 인간을 통하지 않고 다른 사물과 직접 커뮤니케이션합니다. 이에 따른 인간 삶과 문명 변화를 정확히 이해·예측·대응하는 것은 이 시대 우리 모두의 과제입니다. AI문고는 인공지능 기술과 환경의 여러 주제를 10가지 키워드로 정리합니다. 관련 개념과 이론, 학계와 산업계의 쟁점, 우리 일상의 변화를 다룹니다. 인간과 기술의 현재, 미래를 세심히 분석합니다.

일러두기

- 인명, 작품명, 저서명, 개념어 등은 한글과 함께 괄호 안에 해당 국가의 원어를 병기했습니다.
- 외래어 표기는 현행 어문규정의 외래어표기법을 따랐습니다.

처음이세요?

전문가세요?

의료 인공지능

윤규백

대한민국, 서울, 커뮤니케이션북스, 2025

의료 인공지능

지은이 윤규백
펴낸이 박영률

초판 1쇄 펴낸날 2025년 7월 15일

커뮤니케이션북스(주)
출판 등록 2007년 8월 17일 제313-2007-000166호
02880 서울시 성북구 성북로 5-11
전화(02) 7474 001, 팩스(02) 736 5047
commbooks@commbooks.com
www.commbooks.com

ISBN 979-11-430-0475-8 03500

책값은 뒤표지에 표시되어 있습니다.

차례

의료와 인공지능의 융합

의료와 인공지능의 융합

인공지능(AI, Artificial Intelligence)은 인간만이 가진 고유한 능력인 지능(intelligence)을 기계적으로 재현하고자 하는 기술이자 연구 분야다. 구체적으로 말하자면, 학습(learning), 추론(reasoning), 문제 해결(problem-solving) 같은 인간의 지능적 활동을 컴퓨터나 기계가 스스로 수행하도록 설계하는 학문이다. 인공지능은 1950년대 초부터 개념이 제시되어, 이후 전문가 시스템, 머신러닝, 최근의 딥 러닝과 강화 학습 기술을 통해 비약적으로 발전했다.

왜 컴퓨터에 인간의 지능을 주입해야 할까? 컴퓨터는 기본적으로 숫자와 데이터를 처리하는 데 뛰어난 장점을 지니고 있기 때문이다. 인간이 오랜 시간과 에너지를 쏟아야 하는 복잡하고 반복적인 계산 작업도 컴퓨터는 단시간 내에 정확하게 수행할 수 있다. 예를 들어 컴퓨터는 1이라는 숫자를 1억 번, 심지어 1조 번 반복해서 더하는 단순 반복 작업에서도 절대 실수하지 않는다. 또한 컴퓨터는 사람이 구분하기 어려운 아주 작은 숫자의 차이도 정확하게 식별한다. 가령 디지털 사진을 예로 들면, 사람의 눈에는 비슷하게 보이는 색상의 미세한 차이를 컴퓨터는 명확히 구분할 수 있다. 디지털 이미지의 색상을 나타내는 방식 중 하나인 RGB 체계에서는 빨강(Red), 초록(Green), 파랑(Blue)을 0부터 255까지의 숫자 값으로 표현한다. 컴퓨터는 이 작은 숫자의 차이를 빠르고 정확하게 인지할 수 있어, 인간이 놓치기 쉬운 세부적인 정보도 정확히 처리할 수 있다.

하지만 컴퓨터의 이런 뛰어난 계산 능력에도 불구하고, 직관적이고 복잡한 사고에서는 인간에 비해 뚜렷한 한계를 보인다. 컴퓨터는 RGB 이미지의 숫자 값은 정확하게 읽어 낼 수 있지만, 이미지가 담고 있는 내용이나 의미를 즉각적으로 이해하지는 못한다. 예를 들어, 사람은 고양이 사진을 보는 순간, 사진의 맥락을 즉각적으로 파악해 그것이 '고양이'라는 동물임을 인식한다. 반면 컴퓨터에게 같은 사진은 그저 숫자로 이뤄진 픽셀 값들의 집합일 뿐이며, 사진의 의미를 이해하려면 별도의 학습 과정이 필요하다. 이것이 바로 인간의 직관적 사고와 컴퓨터의 계산적 사고가 근본적으로 다른 지점이며, 인공지능 기술이 극복하고자 하는 중요한 한계다.

이러한 한계를 극복하기 위해 최근 인공지능 기술은 인간 뇌의 작동 방식을 모방한 접근법을 사용한다. 대표적인 방법이 인공 신경망(Artificial Neural Networks)과 딥 러닝(Deep Learning)이다. 인공 신경망은 인간의 뇌가 신경세포(뉴런)를 통해 정보를 주고받으며 학습하는 방식을 수학적으로 모델링한 기술이다. 마치 사람이 무언가를 반복적으로 경험하면서 배워 가듯, 인공 신경망은 데이터 속에서 규칙이나 패턴을 발견해 스스로 학습한다. 데이터를 입력하면 여러 개의 뉴런이 상호 연결된 층(layer)을 통과하면서 점차 복잡한 정보를 추출하고 처리한다. 이렇게 여러 층을 통해 데이터를 처리할수록 복잡하고 미세한 패턴을 인식할 수 있게 된다. 딥 러닝은 이러한 인공 신경망의 층을 여러 개로 깊게 구성해 더욱 세부적이고 추상적인 패턴까지 분석할 수 있도록 설계된 최신 기술이다. 이를 통해 컴퓨터는 고양이 사진을 보고 '고양이'라는 의미를 스스로 인지하는 등 사람의 직관적이고 복합적인 사고방식에 더욱 가까워질 수 있게 되었다.

인공지능의 성공적 구현은 인간이 처리하기 어려운 복잡한 문제 해결에 큰 장점을 제공한다. 인간은 특정 문제를 분석할 때 뇌의 인지 능력 한계로 인해 고려할 수 있는 요소와 변수의 수가 제한적이다. 예를 들어, 주식 시장의 가격 변동을 예측하기 위해서는 수많은 경제 지표, 국제 정세, 기업 실적, 사회적 요인 등 다양한 요소들이 복합적으로 작용한다. 인간 분석가는 이러한 방대한 정보를 모두 고려하기 어렵지만, 인공지능은 데이터 처리 능력에 한계가 없기 때문에 방대한 요소들을 동시다발적으로 분석하고, 복합적인 상관관계와 원인을 도출해 정확한 예측을 제공할 수 있다. 실제로 금융, 의료, 자율 주행, 스마트 홈 등 다양한 분야에서 인공지능의 활용 사례가 빠르게 증가하고 있다.

인공지능 연구에서 또 하나의 중요한 요소는 데이터다. 데이터(data)는 실제 세상에서 수집된 사실이나 정보를 의미하며, 숫자, 텍스트, 이미지, 음성 등 다양한 형태로 존재할 수 있다. 인공지능에게 데이터는 인간의 경험 같은 것이다. 인간이 경험을 통해 배우고 성장하듯, 인공지능 역시 데이터를 통해 학습하고 발전한다. 예컨대, 우리가 특정 물체를 여러 번 보거나 다양한 상황을 경험하면 그 물체를 쉽게 인식할 수 있게 되는 것처럼, 인공지능 역시 충분한 양의 다양한 데이터를 통해 더 정확한 판단과 인식을 할 수 있게 된다. 데이터의 양과 질은 인공지능의 성능을 결정짓는 가장 핵심적인 요소다.

방대한 양의 다양한 데이터를 통해 인공지능은 풍부한 패턴을 인식하고, 복잡한 상황에서도 정확한 결정을 내릴 수 있다. 반면 데이터가 편향되거나 불충분하면, 인공지능은 잘못된 결론이나 부정확한 판단을 내릴 수 있다. 따라서 데이터를 수집하고 관리하는 과정에서 엄격한 품질 관리와 균형 잡힌 데이터 구성이 필수적이다.

결국, 인공지능 연구의 궁극적 목표는 인간의 지능을 이해하고 확장하는 것이다. 이는 단지 기술적 발전에 그치지 않고 인간이 스스로를 더 깊게 성찰하도록 이끈다. 인공지능을 개발하는 과정에서 우리는 끊임없이 묻게 된다. '인간은 어떻게 생각하는가?', '인식과 판단은 어떻게 이뤄지는가?', '무엇이 인간을 인간답게 만드는가?'라는 근본적인 질문들을 던지고 스스로 답을 찾아가야 하기 때문이다. 이러한 과정을 통해 인공지능 연구는 철학적이고 인문학적인 성격을 가지며, 기술과 인문학이 결합된 새로운 지평을 열게 된다. 인공지능의 발전은 우리 인간 존재에 대한 이해를 넓히고, 우리의 인지와 사고 능력을 새롭게 정의하며, 궁극적으로 인간과 기술이 어떻게 공존하고 협력할 수 있는지에 대한 깊은 성찰을 요구한다.

전 세계적으로 고령 인구가 빠르게 늘어나면서 만성 질

환을 앓는 환자 수는 점점 많아지고 있지만, 이들을 돌볼 의료 인력은 턱없이 부족한 상황이다. 세계보건기구(WHO)는 2030년까지 전 세계적으로 약 1800만 명의 의료 인력이 부족해질 것이라 경고하고 있다(World Health Organization, 2019). 예를 들어, 고령화 문제가 심각한 일본에서는 환자 뒤집기 같은 간단한 돌봄 업무를 대신 수행할 수 있는 로봇 간병인을 도입해 의료 인력 부족 문제를 해결하려고 노력하고 있다(Takenaka, 2025). 인공지능은 이러한 부족한 의료 인력을 도와줄 '디지털 도우미' 역할을 할 수 있다. AI 기반 로봇과 가상 비서 기술은 노인의 건강 상태를 실시간으로 점검하고 일상적인 건강 관리 업무를 지원할 수 있으며, 의료진이 반복적이고 시간이 많이 걸리는 업무를 AI에게 맡기면 환자와의 소통이나 복잡한 진료 업무에 더 집중할 수 있는 환경이 마련된다. 예를 들어, AI 기반의 모니터링 시스템은 노인 환자의 혈압, 혈당, 심박수 등을 지속적으로 점검해 이상 징후가 발견되면 즉각 의료진에게 경고 메시지를 보내 신속한 대응을 가능하게 한다. 또한 챗봇 기술은 환자가 병원을 직접 방문하지 않고도 일상적인 건강 상담과 간단한 의료 정보를 제공받을 수 있도록 해 의료 인력의 업무 부담을 줄이고 효율성을 높이고 있다. 이렇게 AI 기술은 단순히 의료 인력의 공백을 메우는 역할뿐만 아니라 의료 서비스의 품질과 효율성을 함께 높이는 중요한 도구로 자리 잡고 있다.

최근 의료 현장에서는 환자의 진료 기록, 영상 검사 결과, 유전자 정보, 스마트워치 같은 웨어러블 기기 데이터 등 매일 엄청난 양의 의료 데이터가 생성되고 있다. 실제로 전 세계 데이터의 약 30%가 의료 분야에서 만들어지고 있으며, 2025년까지 이 데이터는 매년 36%씩 급격히 증가할 것으로 예측된다(RBC Capital Markets, 2021). 이렇게 빠르게 증가하는 의료 데이터를 인간 전문가가 모두 분석하는 것은 현실적으로 어렵다. 데이터가 많을수록 분석에 더 많은 시간이 소요될 뿐 아니라 중요한 질병의 징후나 변화 같은 미세한 패턴을 놓칠 가능성도 커지기 때문이다.

바로 이 지점에서 AI가 큰 도움을 줄 수 있다. AI는 방대한 데이터를 빠르게 처리하는 능력을 가지고 있어 의료진이 놓치기 쉬운 중요한 정보와 의미 있는 패턴을 신속하게 찾아낼 수 있다. 예를 들어, 미국에서는 AI를 활용해 환자의 의료 기록을 분석해 입원 기간이나 재입원 위험을 미리 예측하는 시스템을 개발했는데, 기존의 통계적 방법보다 정확성이 훨씬 높았다(NYU Langone

Health, 2023). 이 시스템은 환자의 과거 병력뿐 아니라 현재의 건강 상태와 검사 결과, 생활 습관 등을 종합적으로 분석해 앞으로 환자가 다시 입원할 확률을 80%의 정확도로 예측할 수 있었다. 의료진은 이 예측 정보를 바탕으로 고위험 환자에게 미리 추가적인 치료나 예방적 조치를 제공해 환자의 건강 상태를 개선할 수 있다.

또한 AI는 최신 의학 논문, 임상 시험 결과 같은 방대한 의학 지식을 실시간으로 습득하고 활용할 수 있다. 매년 수십만 편 이상의 의학 논문이 발표되지만 인간 의료진이 이 모든 내용을 빠르게 학습하고 진료에 반영하는 것은 거의 불가능하다. 그러나 AI는 이러한 최신 정보를 빠르게 분석하고 요약해 의료진에게 제공할 수 있다. 이를 통해 의료진은 환자의 진료에 최신의 지식과 연구 결과를 빠르게 적용할 수 있게 된다. 요약하면, 데이터가 폭발적으로 증가하는 현대 의료 환경에서 AI는 인간 의료진의 분석 능력 한계를 극복하고 더욱 정확하고 빠른 의사 결정을 가능하게 하는 강력한 도구로 자리 잡고 있다.

의료 분야에서는 아주 작은 실수 하나도 환자의 생명이나 건강에 치명적인 영향을 미칠 수 있기 때문에 다른 어떤 분야보다도 높은 정확성과 정밀성이 필수적이다.

하지만 사람인 의료진은 아무리 경험이 많고 숙련되었더라도 피로감이나 집중력 저하, 또는 무의식적인 편견 등으로 인해 실수를 범할 가능성을 완전히 배제할 수 없다. 또한 의료 현장에서 다뤄야 하는 환자 정보나 검사 데이터는 점점 더 많아지고 복잡해지기 때문에 이를 인간이 모두 빠짐없이 정확하게 처리하는 데에도 한계가 있다. 이러한 상황에서 인공지능의 강점이 명확히 드러난다. AI는 인간과 달리 지치지 않고 수많은 임상 사례와 데이터를 반복해서 학습해 언제나 일관되고 정확한 분석과 판단을 제공할 수 있기 때문이다. 특히 AI는 인간이 놓치기 쉬운 미세한 패턴이나 징후까지도 신속하고 정확하게 찾아낼 수 있다. 예를 들어, 유방암 검진에서 AI를 활용한 연구에 따르면 AI 알고리즘이 숙련된 방사선과 전문의보다 더 낮은 오진율을 기록하며 유방 촬영 이미지를 정확히 분석해 암 여부를 판별했다(McKinney et al., 2020). 이 연구에서 AI는 실제 암이 있는데 놓치는 경우(거짓 음성)와 암이 없는데 있다고 잘못 판단하는 경우(거짓 양성)를 모두 효과적으로 줄임으로써 진단 정확도를 크게 높일 수 있음을 보여 주었다. 이러한 결과를 바탕으로 일부 국가에서는 두 명의 전문의가 함께 유방암 검사를 판독하던 방식을 바꾸어 한 명의 전문의를 AI

로 대체하는 방안을 검토하는 등, 정확성을 유지하면서 진단의 효율성과 경제성까지 개선하는 시도를 하고 있다. 뿐만 아니라, AI는 환자의 유전자 정보, 생활 습관 데이터, 기존 병력 등 매우 다양한 정보를 종합적으로 분석해 개별 환자에게 최적화된 맞춤형 치료법을 제안하는 데도 탁월한 능력을 보인다. 예컨대 암 치료 분야에서 AI는 수천 건의 임상 시험 데이터와 논문을 학습해 특정 환자의 종양 유전자 변이에 가장 잘 맞는 약물 조합을 추천할 수 있다. 이를 통해 치료 효과를 높이면서도 환자가 겪는 부작용을 최소화할 수 있다. 결론적으로, 정확성과 정밀성이 매우 중요한 의료 분야에서 AI는 인간 의료진의 약점을 보완하고 진단과 치료의 신뢰도와 효율성을 높여주는 필수적인 도구로 자리 잡아가고 있다. 인간 의료진이 AI를 협력자로 받아들이고 적절히 활용할 때 환자는 더욱 정확하고 개인화된 의료 서비스를 제공받을 수 있게 되는 것이다.

과거에는 인공지능의 발전으로 의료 현장에서 의사의 역할이 줄어들고, AI가 의사를 대체하지 않을까 하는 우려가 종종 있었다. 그러나 최근에는 AI가 의사를 대체하기보다는 오히려 의사의 능력을 보완하고 증강하는 방식으로 함께 협력해 더 나은 의료 서비스를 제공하는 새로운 진료 모델이 주목받고 있다. 실제로 전문가들은 앞으로는 "AI를 잘 활용하는 의료진이 그렇지 않은 의료진을 대신하게 될 것"이라며 AI 활용 능력이 의료진의 필수 역량으로 떠오르고 있음을 강조한다(Mesko et al., 2018). 이러한 새로운 진료 모델에서 AI는 의사의 역할을 빼앗는 경쟁자가 아니라 의사를 돕고 보조하는 '슈퍼 보조자(super assistant)' 또는 '디지털 동료'로 기능하게 된다. 예를 들어, 영상의학 분야에서는 의료진이 혼자 수천 장의 영상을 일일이 판독하기 어렵고 시간도 오래 걸리는 작업을 AI가 먼저 신속하게 처리한다. AI는 분석한 영상 중 이상이 의심되는 이미지를 우선적으로 표시해 의료진이 이를 중점적으로 점검할 수 있게 한다. 덕분에 의료진은 방대한 데이터를 처음부터 끝까지 혼자서 검토할 필요가 없어져서 진단의 정확성과 효율성을 동시에 높일 수 있다.

또한 AI는 진료 전에 환자의 증상이나 병력을 미리 문진해 진료 과정을 더욱 효과적으로 만들 수 있다. AI 기반 챗봇이 환자에게 미리 질문을 던지고 환자의 답변을 분석해 가능한 질병과 그에 따른 추천 진단 목록을 미리 정리해 두면 이후 의료진이 그 자료를 바탕으로 놓칠 수 있는 질병 가능성을 빠짐없이 재확인할 수 있다. 이렇게

AI와 의료진이 협력하면 더욱 체계적이고 깊이 있는 진료가 가능해진다.

결국, 의료 AI의 가장 중요한 가치는 인간 전문가의 판단과 기계의 데이터 처리 능력을 결합한 '증강 지능(augmented intelligence)'에서 찾을 수 있다. 의료진은 AI가 제공하는 방대한 분석 결과와 제안을 기반으로 더욱 신뢰할 수 있는 결정을 내리고 환자에게 더욱 세심한 의료 서비스를 제공할 수 있다. 이 과정에서 반복적이고 단순한 업무는 AI가 맡아 처리하고, 의료진은 창의적인 임상 판단이나 환자와의 소통 같은 인간적인 업무에 집중할 수 있다. 예를 들어, AI가 환자의 검사 결과나 병력 정보를 자동으로 요약하고 정리해 의료진에게 제공하면 의료진은 확보된 시간을 환자와의 깊이 있는 대화나 세부적인 진료 계획 수립에 더 할애할 수 있다. 앞으로 의료진은 AI를 경쟁자나 위협으로 여기기보다는 협력자로 받아들이고 AI의 분석과 제안을 비판적으로 활용해 최종적인 진료 결정을 내리는 지휘자 역할을 수행할 필요가 있다. 이러한 협력 관계가 의료 현장에 정착되었을 때 비로소 우리는 의료 AI 시대의 다양한 혜택을 최대한 누릴 수 있게 될 것이다.

전 세계적으로 의료 비용이 계속 증가하면서 많은 국

가가 재정적 부담을 겪고 있다. 이러한 상황에서 인공지능은 의료 시스템의 효율성을 높이고 비용을 절감하는 데 중요한 역할을 할 수 있다. 실제로 미국의 한 연구에 따르면, 의료 현장에 AI 기술을 도입하면 2026년까지 연간 약 1500억 달러의 의료 비용을 절감할 수 있을 것으로 예측한다(Accenture, 2020). 예를 들어, 병원에서 AI가 입원 환자의 건강 상태를 지속적으로 관찰하고 환자의 상태가 갑자기 악화되기 전에 미리 위험 징후를 파악해 의료진에게 경고하면, 합병증을 예방하고 환자의 중환자실 입원이나 긴급 치료와 같은 비용이 많이 드는 상황을 최소화할 수 있다. 또한 AI를 통해 의료 행정 업무를 자동화하면 보험 청구나 일정 관리 같은 반복적인 업무에서 발생하는 운영 비용을 크게 절약할 수 있어 병원의 전체적인 운영 효율을 높이는 데도 기여한다.

이러한 의료 비용 절감과 더불어 AI는 의료 서비스 접근성을 향상시키는 데에도 큰 도움이 된다. 많은 지역에서 의료 인력 부족 문제로 인해 환자들이 필요한 의료 서비스를 제대로 받지 못하는 상황이 벌어지고 있다. 예를 들어, 태국의 경우 당뇨병 환자가 450만 명이나 되지만 안과 전문의는 약 200명 정도로 매우 부족한 상황이다. 이에 구글은 AI 기반의 당뇨망막병증 판독 시스템을 개발해 현지 클리닉에 제공했다(Heaven, 2020). 이 AI 시스템은 환자의 눈 안저 사진을 단 10분 이내에 분석해 당뇨망막병증 여부를 90% 이상의 높은 정확도로 진단한다. 이전에는 환자가 검사 결과를 받기까지 몇 주가 걸렸던 것과 비교하면 환자들이 더 신속히 진단을 받고 빠르게 치료를 시작할 수 있게 된 것이다. 또한 AI를 이용한 휴대용 진단 기기는 의사나 병원이 부족한 원격지나 개발도상국에서도 기본적인 건강 검진과 초기 진단을 가능하게 만들어 준다. 예를 들어 스마트폰과 연동된 AI 기반 심전도 판독 장치는 현장에서 간단하게 심장 질환의 초기 징후를 발견할 수 있어 중증 환자를 신속히 전문 의료 기관으로 이송할 수 있도록 돕는다. 이와 같은 AI 기술은 지역과 소득 수준에 상관없이 더 많은 사람이 시의적절한 의료 혜택을 받을 수 있도록 '의료 형평성'을 실현하는 데 기여할 수 있다.

종합적으로 볼 때, AI는 의료 비용을 절감해 재정적 부담을 줄이는 동시에 지리적·경제적으로 의료 접근이 어려운 지역에서도 누구나 쉽게 의료 서비스를 받을 수 있도록 돕는 매우 효과적인 도구로 자리 잡고 있다. AI의 도입은 초기 비용이 발생할 수 있지만 장기적으로는 의료 시스템 전체의 비용 효율성과 환자 접근성을 크게 개선할 것으로 기대된다.

의료 AI는 단순한 의료 기술을 넘어 국가의 미래 경쟁력을 좌우하는 중요한 전략 산업으로 부상하고 있다. 인공지능 기술은 이미 세계 각국이 치열하게 경쟁하는 분야이지만 그중에서도 의료 분야의 AI는 국민 건강 향상과 경제 성장이라는 두 가지 목표를 동시에 달성할 수 있는 핵심 영역으로 주목받고 있다. 특히 의료 AI 기술을 앞서 개발하고 활용하는 나라는 자국민의 건강과 삶의 질을 높이는 동시에 신약 개발, 정밀 의료, 유전학 같은 첨단 의료 산업에서도 큰 경제적 이득을 얻을 수 있다.

실제로 의료 분야에서 생성되는 방대한 데이터와 인공지능을 결합하면 새로운 치료법과 진단 기술 개발을 빠르게 이뤄낼 수 있는데, 이는 곧바로 바이오 경제(bioeconomy)의 핵심 동력으로 평가받고 있다. 한 보고서에 따르면 "의료 AI를 전략적으로 우선시하는 국가는 경제적 경쟁 우위를 누리는 동시에 미래 글로벌 의료 기술의 표준을 설정할 수도 있다"라고 분석한다(Schuerger et al., 2024). 이는 단순히 의료 서비스의 질적 향상을 넘어 해당 기술 자체가 국제적 영향력으로 이어질 수 있음을 시사한다.

우리나라도 의료 AI 분야에서의 국제 경쟁력 강화를

위해 다양한 정책적 지원을 확대하고 있으며, 혁신적인 의료 AI 스타트업들이 지속적으로 등장하고 있다. 의료 AI를 선점하는 것은 개별 병원의 기술 혁신에 그치지 않고 국가 차원에서 새로운 산업 성장과 일자리 창출, 국가 브랜드 향상이라는 복합적 효과를 가져올 수 있다. 예를 들어 혁신적인 의료 AI 기술을 보유한 국가는 전 세계 의료 시장에서 우위를 점하게 되고, 이는 의료 관광과 해외 환자 유치 분야에서도 강력한 경쟁력이 될 수 있다.

결국, 지금 의료에 인공지능이 필요한 이유는 단지 환자 진료의 효율성과 정확성 향상이라는 목적뿐만 아니라 국가 차원에서 미래 성장 동력과 국제 경쟁력을 확보하기 위해 반드시 선점해야 하는 전략적 분야이기 때문이다. 의료 AI를 잘 활용하는 국가는 앞으로 더욱 건강한 인구와 강력한 신산업을 동시에 확보할 수 있게 될 것이며 이러한 격차는 시간이 지날수록 국가 간 경쟁력의 큰 차이로 나타날 것으로 전망된다.

참고문헌

Accenture(2020.7.30). "AI: Healthcare's new nervous system". https://www.accenture.com/au-en/insights/health/artificial-intelligence-healthcare

Heaven, W. D.(2020.4.27). Google's medical AI was super

accurate in a lab. Real life was a different story. MIT Technology Review.
https://www.technologyreview.com/2020/04/27/1000658/google-medical-ai-accurate-lab-real-life-clinic-covid-diabetes-retina-disease/

McKinney, S. M. et al.(2020). International evaluation of an AI system for breast cancer screening. *Nature, 577*, pp.89~94.
https://pubmed.ncbi.nlm.nih.gov/31894144/

Mesko, B. et al.(2018.7.13). Will artificial intelligence solve the human resource crisis in healthcare?. *BMC Health services research, 18*(545), pp.1~5.
https://bmchealthservres.biomedcentral.com/articles/10.1186/s12913-018-3359-4

NYU Langone Health(2023.6.7). "New 'AI Doctor' predicts hospital readmission & other health outcomes".
https://nyulangone.org/news/new-ai-doctor-predicts-hospital-readmission-other-health-outcomes

RBC Capital Markets(2021). "The healthcare data explosion". RBC Global Insight, Healthcare Episode 1.
https://www.rbccm.com/en/gib/healthcare/episode/the_healthcare_data_explosion

Schuerger, C. et al.(2024). *China and medical AI: Implications of big biodata for the bioeconomy*. Center for security and emerging technology(CSET).
https://cset.georgetown.edu/publication/china-and-medical-ai/

Takenaka, K.(2025.3.1). AI robots may hold key to nursing Japan's aging population. The Japan Times.
https://www.japantimes.co.jp/news/2025/03/01/japan/soc

iety/robots-japan-aging-society/

World Health Organization(2019.5.28). “Addressing the 18 million health worker shortfall – 35 concrete actions and 6 key messages”. World Health Organization News. https://www.who.int/news/item/28-05-2019-addressing-the-18-million-health-worker-shortfall-35-concrete-actions-and-6-key-messages

01
의료 인공지능의 기원

의료 분야에서 인공지능의 활용은 점점 확대되고 있다. 이 장에서는 의료 인공지능의 시작과 발전을 역사적 배경, 기술적 요인, 초기 활용 사례로 나누어 살펴보고, 오늘날 의료 AI 기술의 기초가 어떻게 형성되었는지 정리한다.

AI와 1인 창업?

역사적 배경

의료 인공지능의 시작은 1950년대 후반 의료 분야에 '의사결정 이론'이 도입되면서부터였다. 레들리(Ledley)와 러스티드(Lusted)(1959)는 논리와 확률을 이용해 의사의 진단 과정을 분석했고, 컴퓨터가 인간처럼 진단할 가능성을 처음 제시했다. 이어 1960년대 초 워너(Warner) 연구팀은 베이즈 정리(Bayes' theorem)라는 수학적 방법을 활용해 컴퓨터가 선천성 심장병을 진단할 수 있음을 보여 주었다(Warner et al., 1961). 이는 의료계에 과학적인 진단 방식을 퍼뜨리고, 컴퓨터 활용의 기대감을 높였다.

그러나 초기 모델은 데이터 부족과 컴퓨터의 낮은 성능으로 인해 임상 현장에서 쓰기에 어려움이 많았다. 의료 현장의 복잡한 상황과 불확실성을 확률적 계산만으로 처리하기는 어려웠으며, 의료진이 신뢰할 수 있게 결과를 설명하는 기능도 부족했다(Kaul et al., 2020). 이러한 한계를 극복하기 위해 연구자들은 1960년대 후반부터 전문가의 지식을 컴퓨터에 저장해 문제를 해결하는 '전문가 시스템' 개발을 시작했다(Kulikowski, 2019). 파이겐바움(Feigenbaum)과 레더버그(Lederberg)가 화학 분야에서 성공한 이 기술은 의료 분야에서도 가능성을 인정받았고, 의학 지식을 컴퓨터에 적용하려는 연구가 활성화되었다.

1970년대 들어 컴퓨터 성능이 향상되고 연구 지원이 강화되면서 의료 AI 연구가 본격화되었다. 미국 국립보건원(NIH)은 1971년 러트거스(Rutgers) 대학과 1973년 스탠퍼드(Stanford) 대학에 SUMEX-AIM이라는 공유 컴퓨터 시스템을 설치하고, 아파넷(ARPANET)이라는 초기 인터넷으로 연구자들을 연결했다(Kulikowski, 2019). 덕분에 여러 대학 연구자들이 협력해 다양한 의료 AI 시스템을 개발할 수 있었다. 1975년 러트거스 대학에서 최초의 의료 AI 워크숍이 열리면서 국제적 교류도 활발해졌다.

1980년대 초 초기 시스템들이 실제 의료 환경에서 사용하기 어렵다는 점이 드러나면서 의료 AI 연구는 잠시 침체되었다(Patel et al., 2009). 하지만 개인용 컴퓨터(PC) 보급과 고성능 워크스테이션 등장이 새로운 연구 환경을 만들었고, 1980년대 후반부터는 독립형 시스템 대신 병원 전자건강기록(EHR, Electronic Health Record)과 연계하는 현실적이고 실용적인 연구가 다시 활발히 이뤄졌다(Shortliffe, 1993). 이러한 초기 경험은 이후 의료 AI 발전의 중요한 기반이 되었다.

기술 발전 요인

의료 AI가 발전한 데는 몇 가지 기술적 요인이 중요했다. 우선 컴퓨터 성능과 기술의 급속한 발전이 가장 큰 역할을 했다. 초기 의료 AI 연구는 크고 비싼 메인 프레임 컴퓨터에 의존했지만, 1970년대 들어 아파넷 같은 초기 인터넷과 여러 사람이 동시에 사용하는 시분할(time-sharing) 시스템이 등장하면서 협력 연구가 쉬워졌다(Kulikowski, 2019). 스탠퍼드 대학의 SUMEX-AIM 시스템 같은 공유 환경 덕분에 서로 떨어져 있던 연구자들도 쉽게 모여 공동 연구를 진행할 수 있었다.

다음으로 AI 연구를 지원하는 프로그래밍 언어의 발전도 매우 중요했다. 특히 LISP 같은 고급 언어는 복잡한 논리와 전문가 지식을 쉽게 컴퓨터로 구현할 수 있게 도와주었고, 이를 통해 의료 분야에 전문가 시스템 개발이 가능해졌다. 1980년대에는 개인용 컴퓨터와 고성능 워크스테이션이 보급되면서 의료 기관에서도 AI 시스템을 직접 활용하고 임상에 적용하는 연구가 활발해졌다(Patel et al., 2009).

또한 의료 AI 발전에서 전문가 시스템이라는 개념이 핵심적이었다. 전문가 시스템은 사람 전문가의 지식을 규칙(rule) 형태로 명확히 저장해 컴퓨터가 문제를 해결하도록 하는 기술이다. 예를 들어 마이신(MYCIN)이라는 시스템은 약 600개의 '만약-그러면(if-then)' 규칙을 이용해 감염 환자의 원인균을 추론하고 적절한 치료법을 추천했다(Shortliffe, 1976). 이후 마이신의 추론 방식은 일반화되어 이마이신(EMYCIN)으로 발전했고, INTERNIST-1 시스템은 방대한 의학 지식을 체계적으로 정리해 나중에 QMR(Quick Medical Reference)이라는 실용적 진단 보조 도구로 발전했다.

의료 데이터의 불확실성 문제를 처리하기 위한 기술 발전도 중요했다. 초기에는 베이즈 확률(Bayesian probability) 모델이 많이 쓰였지만 현실적으로 적용하기 어려웠기에 마이신은 전문가 경험을 기반으로 하는 '확신도(confidence factor)' 개념을 도입했다(Shortliffe, 1976). 이는 의사들이 쉽게 이해하고 신뢰할 수 있게 도와주어 실제 의료 환경에 적합했다(Kulikowski, 2019).

이외에도 의료 AI는 의학과 컴퓨터과학 전문가의 협력 덕분에 발전했다. 예컨대 마이신 프로젝트는 의사와 AI 전문가가 함께 참여해 성공을 거두었으며, 스탠퍼드 대학은 이를 지원하기 위해 의학과 컴퓨터 기술을 접목한 의료정보학(Medical Informatics) 프로그램을 개설했다. 의료 AI의 선구자 쇼트리프(Edward H. Shortliffe)는

AI 기술이 전자건강기록이나 처방 시스템 같은 다른 의료 시스템과 통합될 때 진정한 가치를 지닌다고 강조했다(Shortliffe, 1993).

초기 활용 사례

인공지능의 다양한 개념과 기술은 1970년대부터 실제로 구현되어 여러 초기 의료 AI 시스템으로 개발되었다. 이 장에서는 의료 AI 역사에서 특히 중요한 몇 가지 대표적인 사례를 소개하며, 각 시스템이 어떤 배경에서 만들어졌고 어떤 기능을 수행했는지, 그리고 이를 통해 얻은 교훈이 무엇인지 간략하게 살펴본다.

1970년대부터 의료 AI 시스템이 본격적으로 개발되어 임상에 시험적으로 적용되었다. 마이신(스탠퍼드 대학)은 환자의 검사 결과로 세균 감염을 진단하고 항생제를 추천하는 전문가 시스템이었다. 600여 개 규칙을 바탕으로 사람과 유사한 진단 정확도를 보였고 진단 이유도 설명했다(Shortliffe, 1976). INTERNIST-1(피츠버그 대학)은 내과 전반에 걸쳐 수백 가지 질환을 진단하는 시스템으로 증상과 질병 간 관계를 이용해 진단했다. 일부 복잡한 사례에서는 정확도가 낮았지만 후에 진단 지원 도구인 QMR로 발전했다(Miller et al., 1982).

CASNET(러트거스 대학)은 녹내장 환자 진단과 치료를 돕는 시스템으로, 질병의 원인과 결과를 네트워크로 표현해 진단 정확성을 높였다. 실제 환자 사례에서 전문의와 유사한 결과를 내놓았다(Weiss et al., 1978). 급성 복통 진단 시스템은 통계적 방법으로 맹장염 등 급성 복통의 원인을 진단했다. 임상 시험에서 의사들보다 높은 진단 정확도를 보여 AI의 가능성을 입증했다(de Dombal et al., 1972). Present Illness Program은 환자와 대화하면서 증상을 묻고 답변을 바탕으로 가능한 질병을 좁혀 나가는 시스템으로 현대 의료 챗봇의 초기 모델이 되었다(Szolovits & Pauker, 1978).

이 초기 사례들은 의료 AI가 실제 임상에서 진단과 치료를 도울 수 있음을 처음 입증했고, 이후 발전을 위한 기반이 되었다(Patel et al., 2009). 초기 시스템이 당장 임상 환경에서 실질적으로 사용되지는 않았지만, 이때 얻은 다양한 경험과 교훈은 이후 의료 AI가 발전하는 데 매우 중요한 바탕이 되었다.

참고문헌

de Dombal, F. T. et al.(1972.4.1). Computer-aided diagnosis of acute abdominal pain. *British medical journal, 2*(5804),

pp.9~13.
https://pmc.ncbi.nlm.nih.gov/articles/PMC1789017/

Kaul, V. et al.(2020). History of artificial intelligence in medicine. *Gastrointestinal endoscopy, 92*(4), pp.807~812. https://pubmed.ncbi.nlm.nih.gov/32565184/

Kulikowski, C. A.(2019). Beginnings of artificial intelligence in medicine(AIM): Computational artifice assisting scientific inquiry and clinical art – with reflections on present AIM challenges. *Yearbook of medical informatics, 28*(1), pp.249~256. https://pubmed.ncbi.nlm.nih.gov/31022744/

Ledley, R. S. & Lusted, L. B.(1959.7.3). Reasoning foundations of medical diagnosis. *Science, 130*(3366), pp.9~21. https://www.cs.tufts.edu/comp/150AIH/pdf/LedleyLu59.pdf

Miller, R. A. et al.(1982). Internist-1, an experimental computer-based diagnostic consultant for general internal medicine. *New England journal of medicine, 307*(8), pp.468~476. https://pubmed.ncbi.nlm.nih.gov/7048091/

Patel, V. L. et al.(2009). The coming of age of artificial intelligence in medicine. *Artificial intelligence in medicine, 46*(1), pp.5~17. https://pubmed.ncbi.nlm.nih.gov/18790621/

Schwartz, W. B.(1970). Medicine and the computer—The promise and problems of change. *New England journal of medicine, 283*(23), pp.1257~1264. https://pubmed.ncbi.nlm.nih.gov/4920342/

Shortliffe, E. H.(1976). *Computer-based medical consultation: Mycin.* Elsevier.

Shortliffe, E. H. et al.(1973). An artificial intelligence program to advise physicians regarding antimicrobial therapy.

Computers and biomedical research, 6(6), pp.544~560. https://pubmed.ncbi.nlm.nih.gov/4589706/

Szolovits, P. & Pauker, S. G.(1978). Categorical and probabilistic reasoning in medical diagnosis. *Artificial intelligence, 11*(1-2), pp.115~144. https://groups.csail.mit.edu/medg/people/psz/ftp/Szolovits-Pauker78/Szolovits-Pauker78.pdf

Warner, H. R. et al.(1961.7.22). A mathematical approach to medical diagnosis: Application to congenital heart disease. *JAMA, 177*(2), pp.177~183. https://pubmed.ncbi.nlm.nih.gov/13783190/

Weiss, S. M. et al.(1978a). A model-based method for computer-aided medical decision making. *Artificial intelligence, 11*(1-2), pp.145~172. https://www.researchwithrutgers.com/en/publications/a-model-based-method-for-computer-aided-medical-decision-making

Weiss, S. M. et al.(1978b). Glaucoma consultation by computer. *Computers in biology and medicine, 8*(1), pp.25~40. https://pubmed.ncbi.nlm.nih.gov/620517/

02
데이터 전처리와 통합

데이터를 잘 활용하는 것이 바로 의료 인공지능의 핵심이다. 의료 인공지능을 잘 활용하기 위해 꼭 필요한 데이터 준비 과정에 대해 살펴본다. 특히 병원에서 흔히 접하는 의료 영상을 중심으로, 핵심 전처리 방법을 중점적으로 설명한다.

AI와 MBTI?

의료 데이터의 구조적 특성과 형식

의료 데이터는 크게 정형 데이터(structured data)와 비정형 데이터(unstructured data)로 나눌 수 있다. 정형 데이터는 병원의 전자건강기록처럼 미리 정해진 형식과 틀에 맞춰 체계적으로 저장된 데이터를 의미한다. 예를 들어 환자의 이름, 생년월일, 성별 등 기본 정보와 혈압이나 혈당 같은 검사 수치들은 주로 숫자나 코드로 기록되어 있으며, 행과 열로 구성된 표 형태로 잘 정리되어 있어 데이터 검색이나 분석에 매우 편리하다. 반면 비정형 데이터는 정해진 틀 없이 자유로운 형태로 기록된 데이터를 말하며, 의료 영상(엑스선 사진, CT, MRI 등), 의사가 작성한 소견이나 진료 기록 텍스트, 병리 이미지, 음성 기록 등이 여기에 해당한다. 비정형 데이터는 미리 정해진 구조가 없기 때문에 바로 분석하기는 어렵지만, 환자의 건강 상태나 병에 관한 매우 자세하고 풍부한 정보를 담고 있다는 장점이 있다(Sedlakova et al., 2023).

의료 영상은 비정형 데이터의 대표적인 예다. 일반적인 사진과 달리 의료 영상은 전문의가 판독해야 하는 세밀한 정보가 픽셀(pixel) 형태로 담겨 있다. 이러한 영상 데이터는 해상도가 높고 데이터 크기도 크며, 때로는 여러 장의 단면 영상이 모여 3차원(CT나 MRI 영상) 또는 시간의 흐름까지 포함하는 4차원(심장 초음파 영상)으로 표현되기도 한다. 의료 영상 데이터는 전 세계 공통으로 사용하는 디컴(DICOM, Digital Imaging and Communications in Medicine)이라는 국제 표준 포맷으로 저장된다. 디컴은 영상 자체뿐 아니라 환자의 ID, 촬영 날짜, 촬영 방법(CT, MRI 등) 같은 추가 정보(메타데이터)를 포함하고 있어 서로 다른 병원이나 장비 간에도 영상을 쉽게 공유할 수 있게 해준다. 과거에는 장비가 달라 영상을 서로 공유하기 어려웠으나, 디컴 표준이 도입되면서 의료 영상 간의 호환성이 크게 향상되었다. 하지만 디컴 파일 안의 이미지 데이터는 여전히 행렬 형태의 픽셀 정보로 구성되어 있어, 구조화된 표 형태로 바로 활용할 수 없고, AI 분석에 적합하게 변환하는 추가적인 전처리 과정이 필요하다.

따라서 의료 데이터는 그 형식과 특성에 따라 AI 분석을 위해 각각 다르게 준비하고 처리해야 한다. 특히 영상 데이터는 복잡성과 용량 문제로 인해 더욱 특별한 전처리와 데이터 보강 기술이 발달하고 있다.

의료 데이터의 전처리 과정

의료 인공지능에서 데이터 전처리(data preprocessing)

란 원본 데이터를 AI가 분석하기 쉬운 형태로 다듬는 작업이다. 전처리의 목표는 데이터에 내재한 오류나 노이즈를 줄이고, 서로 다른 자료 간 일관성을 확보해 AI 모델이 효과적으로 패턴을 학습하도록 돕는 것이다. 전처리 과정에는 데이터 유형에 따라 여러 단계가 있지만, 일반적으로 결측치 처리, 데이터 정제, 정규화 및 표준화 등의 공통된 과제가 있다.

결측치(Missing data) 처리

결측치는 데이터에서 누락된 값을 뜻한다. 의료 영상에서는 촬영 중 일부 이미지가 손상되거나 빠질 수 있다. 이 경우 주변 이미지를 활용해 빈 부분을 채우거나 손상된 데이터를 분석에서 제외해 정확한 분석을 돕는다.

데이터 정제(Data Cleaning) 및 잡음 제거

데이터 정제는 잘못된 값이나 분석을 방해하는 잡음을 제거하는 과정이다. 의료 영상에서는 촬영 기기의 문제나 환자의 움직임으로 잡음(artifact)이 발생하는데, 이를 영상 필터링 기술로 제거해 깨끗한 데이터를 얻는다. 이를 통해 AI가 정확한 정보를 학습하도록 한다.

정규화(Normalization)

정규화는 서로 다른 범위와 단위를 가진 데이터를 일정한 기준으로 맞추는 작업이다. 의료 영상의 픽셀 값은 촬영 환경에 따라 다양하게 나타나므로, 이를 0에서 1 사이로 변환하거나 평균 0, 표준편차 1로 맞추는 것이 일반적이다. 연구에서도 "데이터 정규화는 딥 러닝 학습에 필수적인 단계로, 수치적 안정성과 수렴 속도를 향상한다"고 밝혀졌다(Parmar et al., 2018).

표준화(Standardization)

표준화는 데이터의 크기와 형태를 일관되게 만드는 작업이다. 병원마다 영상 해상도가 다를 수 있으므로 모든 영상을 동일한 크기와 화소(voxel) 크기로 변환하는 것이 표준화의 예다. 표준화를 제대로 하지 않으면 특정 데이터가 AI 모델 결과에 과도하게 큰 영향을 끼칠 수 있다(Parmar et al., 2018).

이러한 데이터 전처리는 의료 AI의 정확성과 성능을 높이는 필수적인 과정이다. 전처리 단계는 도메인 전문가와 데이터 과학자의 협업을 통해 결정되며, 잘 설계된 전처리는 모델의 성능을 크게 향상함과 동시에 재현성을 높여준다. 반대로 전처리가 부족하면 아무리 좋은 AI

알고리즘이라도 제대로 된 결과를 내기 어려우므로, "쓰레기를 넣으면 쓰레기가 나온다(Garbage in, garbage out)"는 말처럼 입력 데이터의 품질을 높이는 것이 매우 중요하다.

의료 영상 데이터 증강 기술

의료 영상 분야에서 인공지능을 더 잘 활용하기 위해 중요한 기술 중 하나가 데이터 증강(Data augmentation)이다. 데이터 증강은 기존의 이미지 데이터를 변형해 더 많은 가상 데이터를 만드는 방법으로, 의료 분야처럼 데이터가 적을 때 특히 유용하다. 예를 들어 희귀 질병 환자의 MRI 영상이 수십 장밖에 없더라도 데이터 증강을 통해 수천 장 이상의 다양한 데이터를 얻을 수 있다. 이는 AI 모델이 더 다양한 데이터를 학습해 성능을 높이고, 특정 데이터만 과도하게 학습하는 과적합(overfitting)을 막는 데 효과적이다.

증강 기법 중 가장 기본적인 방법은 이미지를 회전하거나 좌우로 뒤집고 위치를 조금씩 바꾸는 간단한 변형이 자주 사용된다. 예를 들어 폐 CT 영상을 5~10도씩 회전하거나, 이미지를 위아래 혹은 좌우로 뒤집어서 AI가 다양한 각도와 위치의 병변을 인식하도록 훈련한다.

밝기나 대비를 조정하거나 노이즈를 추가해 AI가 실제 촬영 환경의 변화에 적응할 수 있게 하는 방법도 사용된다. 또 MRI 이미지의 크기를 확대하거나 축소하고, 고무처럼 살짝 늘이거나 줄이는 '탄성 변형'도 적용된다. 다만 현실에서 나타날 가능성이 없는 과도한 변형은 AI 학습에 방해가 될 수 있어, 적절한 수준의 증강이 중요하다. 실제로 "현실에서는 일어나기 힘든 극단적인 변형은 오히려 해가 될 수 있다"는 지적이 있으며, 증강을 할 때는 항상 의료 지식을 바탕으로 합리적인 변형만 선택해야 한다.

최근에는 생성적 적대 신경망(GAN)이나 변분 오토인코더(VAE) 같은 첨단 기술을 이용해 실제와 비슷한 가상 이미지를 만들어 내는 증강 방법도 활발히 연구되고 있다. 예를 들어 GAN을 활용해 실제와 매우 유사한 폐 엑스선 사진을 생성해 데이터 부족 문제를 해결하는 방식이다. 실제 연구에서도 GAN으로 만든 뇌종양 MRI 이미지를 추가로 학습 데이터로 사용했을 때, 종양을 더 정확하게 구분하는 성능이 63.7%에서 72.8%로 크게 향상된 사례가 보고되었다(Kebaili et al., 2023). 이러한 첨단 기술들은 앞으로 의료 AI 성능 향상에 중요한 역할을 할 것으로 기대된다.

의료 데이터 통합 및 활용 사례

의료 AI가 효과적으로 작동하려면 다양한 형태의 의료 데이터를 하나로 통합하는 과정이 필요하다. 의사가 진단 시 영상 검사뿐 아니라 혈액 검사나 유전자 정보도 참고하면 더 정확한 판단이 가능한 것처럼, AI 역시 여러 데이터를 결합해 사용하면 성능이 향상된다. 실제로 흉부 CT 영상과 환자의 전자건강기록을 함께 분석했을 때, 각 데이터를 따로 사용한 것보다 폐 색전증 진단 정확도가 더 높았다는 연구 결과도 있다(Huang et al., 2020). 이를 '멀티모달(multimodal) 접근'이라 하며, 여러 데이터를 동시에 활용해 개인 맞춤형 진단과 치료에 도움을 준다.

데이터를 통합하려면 영상 데이터를 저장한 PACS (Picture Archiving and Communication System, 의료 영상 저장 전송 시스템)와 환자의 혈액 검사 등 임상 정보를 저장한 EHR 시스템을 환자 ID 등을 기준으로 연결해야 한다. 그런 다음 AI 모델은 영상 데이터를 분석하는 합성곱 신경망(CNN, Convolutional Neural Network)에 혈액 검사 결과 등 다른 임상 데이터를 추가로 입력하는 방식으로 설계된다. 실제 연구에서도 폐 영상만으로 진단하는 것보다 혈액 검사 수치를 함께 활용할 때 더 높은 정확도를 보였다(Huang et al., 2020).

이러한 통합 기술은 이미 의료 현장에서 사용되고 있다. 해외의 아터리스(Arterys)나 아이독(Aidoc) 같은 시스템은 병원 영상 시스템과 연동해 AI가 자동으로 분석한 결과를 의사에게 실시간으로 전달한다. 또 미국의 아이디엑스(IDx)는 안구 사진을 분석해 당뇨병으로 인한 망막 이상을 자동 진단하는 AI 시스템을 개발했는데, 이는 “2018년 미 식품의약국(FDA)의 승인을 받아 세계 최초의 자율적인 AI 진단 시스템으로 의료 현장에 도입”된 사례다(Abramoff et al., 2018). 이 시스템은 900명의 환자를 대상으로 한 연구에서 민감도 87%, 특이도 91%의 높은 정확도를 보였다.

최근에는 영상이나 혈액 검사 데이터 외에도 유전자 정보나 조직 검사 이미지 등 더 많은 데이터를 함께 분석하는 연구가 진행되고 있다. 예를 들어 영상에서 종양을 탐지한 후 조직 검사 이미지나 유전자 정보를 추가로 분석해 종양의 예후를 보다 정확히 예측하는 시도가 이뤄지고 있다. 비록 병원마다 데이터 형식이 다르고 개인정보 보호 등 현실적인 어려움이 있지만, 궁극적으로 데이터 통합은 의료 AI가 더욱 정확하고 개인화된 진단을 제공하기 위해 반드시 필요한 기술이다.

참고문헌

Abramoff, M. D. et al.(2018.8.28). Pivotal trial of an autonomous AI-based diagnostic system for detection of diabetic retinopathy in primary care offices. *NPJ digital medicine, 1*(39). https://www.nature.com/articles/s41746-018-0040-6

Huang, S. C. et al.(2020.12.17). Multimodal fusion with deep neural networks for leveraging CT imaging and electronic health record: A case-study in pulmonary embolism detection. *Scientific reports, 10*(1), 22147. https://www.nature.com/articles/s41598-020-78888-w

Kebaili, A. et al.(2023.4.13). Deep learning approaches for data augmentation in medical imaging: A review. *Journal of imaging, 9*(4), 81. https://www.mdpi.com/2313-433X/9/4/81

Parmar, C. et al.(2018.8.1). Data analysis strategies in medical imaging. *Clinical cancer research, 24*(15), pp.3492~3499. https://pubmed.ncbi.nlm.nih.gov/29581134/

Sedlakova, J. et al.(2023.10.11). Challenges and best practices for digital unstructured data enrichment in health research: A systematic narrative review. *PLOS digital health, 2*(10), e0000347. https://journals.plos.org/digitalhealth/article?id=10.1371/journal.pdig.0000347

03
인공지능 모델 설계와 최적화

의료 영상 분석을 위한 인공지능 모델을 어떻게 설계하고 최적화하는지 살펴본다. 먼저 인공지능, 머신 러닝, 딥 러닝 등 기본적인 개념과 원리를 쉽게 설명하고, 의료 영상 진단에서 이 기술들이 어떤 역할을 하는지 알아본다.

AI와 난임 극복?

의료 AI를 이해하기 위한 딥 러닝 기초

인공지능은 컴퓨터가 사람처럼 생각하고 판단할 수 있게 하는 기술을 의미한다. 과거에는 컴퓨터가 특정 작업을 하려면 사람이 일일이 규칙을 입력해야 했다. 예를 들어, 이메일의 스팸 메일을 차단하려면 스팸 메일의 특정 단어를 사람이 하나하나 지정해 줘야 했다. 결국 미리 입력하지 않은 새로운 종류의 스팸 메일은 잡아내지 못하는 한계가 있었다.

이러한 한계를 극복하기 위해 발전한 기술이 바로 머신 러닝(Machine Learning, ML)이다. 머신 러닝은 컴퓨터가 미리 정해진 규칙 없이도 데이터를 통해 스스로 학습해 문제를 해결할 수 있게 하는 방법이다. 예를 들어, 컴퓨터에 수많은 이메일을 주고 어떤 것이 스팸인지 아닌지를 알려 주면, 컴퓨터는 이메일의 단어와 문장 패턴 등을 스스로 학습해 새로운 이메일이 스팸인지 아닌지 구별할 수 있게 된다. 이처럼 머신 러닝은 데이터를 통해 스스로 규칙과 패턴을 학습한다.

머신 러닝 중에서도 최근 가장 주목받고 있는 분야가 바로 딥 러닝(Deep Learning, DL)이다. 딥 러닝은 사람의 뇌에서 영감을 얻어 만들어진 '인공 신경망(Artificial Neural Network)'이라는 구조를 여러 겹으로 쌓아 만든 기술이다. 마치 사람의 뇌가 수많은 뉴런의 연결을 통해 정보를 처리하듯, 인공 신경망도 여러 층(layer)을 통해 점점 복잡하고 세부적인 패턴을 학습한다.

기존의 머신 러닝에서는 데이터의 특징(예를 들어 이미지의 색상 · 모양)을 사람이 직접 정하고 입력해야 했지만, 딥 러닝에서는 인공 신경망이 데이터에서 중요한 특징을 스스로 찾아내 학습한다. 예를 들어, 딥 러닝 모델에 폐 엑스선 이미지를 여러 장 보여 주면, 모델은 점차 종양과 정상 조직을 구분할 수 있는 미세한 패턴을 스스로 학습하게 된다. 이 과정에서 사람은 어떤 특징이 중요한지 일일이 알려줄 필요가 없다.

LeCun 등(2015)은 딥 러닝의 핵심이 "이러한 특징 추출 단계들을 인간이 설계하는 것이 아니라 일반적인 학습 알고리즘을 통해 데이터로부터 자동 학습하는 것"이라고 설명했다(LeCun et al., 2015). 이 덕분에 딥 러닝 기술은 복잡한 데이터를 분석하는 데 매우 뛰어난 성과를 보여, 의료 영상 진단같이 전문성이 높은 분야에서도 전문의와 비슷한 정확도를 보일 만큼 발전했다.

의료 영상 분석에서의 딥 러닝 혁신

의료 영상 분석이란 엑스선, CT, MRI, 초음파 같은 영상을 분석해 질병을 진단하거나 치료 방법을 결정하는 것을 말한다. 최근 딥 러닝 기술의 발전으로 이 분야는 큰 변화를 맞이했다. 특히 합성곱 신경망(CNN)이라는 딥 러닝 기술이 등장하면서 의료 영상 분석의 대표적인 방법으로 자리 잡았다. 여러 연구에서 CNN은 이전의 전통적 분석 방법보다 의료 영상에서 이상 부위를 더 정확하게 찾아내는 성과를 보였다. 실제로 한 연구는 "합성곱 신경망은 의료 영상 분석을 위한 사실상 표준 방법론이 되었다"고 밝히고 있다(Litjens et al., 2017).

CNN의 원리를 간단히 설명하면 다음과 같다. 예를 들어, 흉부 엑스선 사진에서 폐에 작은 종양(결절)이 있는지 찾는 상황을 생각해 보자. CNN은 먼저 이미지에서 선이나 가장자리 같은 기본적인 특징을 찾아낸다. 그다음 층에서는 이런 특징들이 모여 원이나 덩어리 같은 더 복잡한 모양을 만든다. 이렇게 층이 깊어질수록 더 복잡한 패턴을 인식할 수 있게 되어, 결국 폐의 종양 같은 특징적 형태까지 구별하게 된다. CNN은 이러한 과정을 수많은 의료 영상 데이터를 보며 스스로 학습한다. 즉, 사람이 하나하나 규칙을 입력하지 않아도 데이터를 통해 중요한 패턴을 발견하게 되는 것이다. 이처럼 딥 러닝 기술은 사람도 놓치기 쉬운 미세한 징후를 찾아낼 수 있으며, 이는 적절한 모델 설계와 효율적 학습 방법 덕분에 가능하다.

효과적인 신경망 구조 설계

인공지능 모델 설계는 해결하려는 문제에 가장 적합한 신경망 구조(architecture)를 만드는 과정이다. 신경망은 인간의 뇌 구조에서 영감을 얻었지만, 실제로는 개발자가 층(layer)의 개수나 각 층의 뉴런 개수, 데이터를 어떻게 처리할지 등을 직접 정해 줘야 한다. 마치 건축가가 목적에 맞게 건물을 설계하듯, AI 엔지니어도 문제 특성에 가장 적합한 신경망 구조를 설계한다.

AI 모델을 만들 때는 보통 데이터를 세 가지로 나누어 학습을 진행한다. 우선 AI가 실제로 학습하는 데이터를 훈련 데이터(Training data)라고 한다. AI는 이 훈련 데이터를 반복적으로 보며 질병의 패턴이나 특징을 배우게 된다. 두 번째는 검증 데이터(Validation data)다. 이 데이터는 훈련 과정 중간에 AI가 잘 학습되고 있는지 점검하고, 신경망의 구조나 크기를 최적화하는 데 사용한다. 마지막으로 테스트 데이터(Test data)가 있다. 테스트 데이터는 AI가 최종적으로 얼마나 정확하게 진단하는지 평가하기 위해 훈련과 검증이 끝난 후에만 사용된다. 예를 들어 피부암 진단 AI를 개발한다고 하면, 먼저 훈련 데이터로 피부암의 다양한 모양과 특징을 학습한 뒤, 검증 데이터로 모델 구조를 미세하게 조정하고, 마지막에는 테스트 데이터를 사용해 AI의 실제 진단 성능을 확인한다. 이런 과정을 거쳐 AI는 실제 의료 현장에서도 신뢰할 수 있는 성능을 발휘하게 된다.

데이터 분할이 중요한 이유는 AI 모델이 데이터를 얼마나 효과적으로 학습했는지 평가하고, 두 가지 문제를 방지하기 위해서다. 바로 과소적합(underfitting)과 과적합(overfitting)이다. 너무 단순한 신경망은 데이터의 복잡한 특징을 제대로 학습하지 못하는데, 이를 과소적합이라고 한다. 반대로, 지나치게 복잡한 신경망은 훈련 데이터를 지나치게 세세히 암기해 새로운 데이터에 대해서는 정확도가 떨어지는 과적합 문제가 발생한다. 따라서 AI 모델을 만들 때는 데이터 분할과 함께 적절한 신경망의 크기와 복잡도를 설정해 과소적합과 과적합을 방지하는 것이 중요하다.

특히 의료 영상 분석에서는 특정 문제에 맞게 설계된 신경망 구조가 많이 사용된다. 대표적 예로 U-넷(U-Net)이라는 구조가 있다. U-넷은 의료 영상에서 장기나 종양의 경계를 정확히 찾아내는 '분할(segmentation)' 작업을 위해 개발된 신경망이다(Ronneberger et al., 2015). 알파벳 'U'와 닮은 구조 덕분에 적은 데이터로도 정확한 분석이 가능해, 의료 AI 분야의 표준 모델로 자리 잡았다. 이처럼 문제에 따라 신경망 구조를 잘 설계하면 AI의 성능을 크게 높일 수 있다. 결국 좋은 AI 모델을 만드는 첫 단계는 목적에 맞게 효과적 신경망 구조를 설계하는 것이다.

신경망 모델 학습과 최적화

모델을 설계했다면 이제 실제로 AI를 학습시키는 단계로 넘어간다. 모델 학습(training)은 미리 준비한 데이터를 AI가 반복적으로 보며 스스로 올바른 결정을 내리는 법을 익히는 과정이다. 처음에는 AI가 거의 무작위로 예측하지만, 학습이 반복되면서 점점 더 정확하게 판단하게 된다.

이 과정에서 핵심이 되는 개념이 최적화(optimization)다. 최적화는 AI가 낸 결과가 실제 정답과 얼마나 차이가 있는지를 계산하고, 그 차이를 최소화하도록 모델 내부 판단 기준(가중치)을 조금씩 조정하는 과정이다. 간단히 말하면, AI가 실수를 줄이도록 내부 판단 기준을 조금씩 수정해 가는 것이다. 이때 가장 흔히 쓰는 방법이 경사 하강법(gradient descent)이다. 경사 하강법은 AI가 현재 실수한 정도를 평가한 뒤, 실수를 줄이는 방향으로 한 걸음씩 조금씩 수정해 나가는 방식이다. 마치 언덕에서 가장 낮은 곳을 찾기 위해 발밑 경사를 확인하며 천천히 내려가는 것과 비슷한 방식이다.

효과적으로 AI를 학습시키려면 몇 가지 중요한 설정을 잘 정해야 한다. 우선 데이터를 AI에 보여줄 때는 한 번에 전부를 보여 주는 것이 아니라 작은 묶음으로 나누어 여러 번 반복해 학습시킨다. 이 작은 묶음을 미니배치(mini-batch)라고 부르며, 모든 데이터를 한 번에 다 보여 주는 것을 에포크(epoch)라고 한다. 예를 들어 AI가 1만 장의 의료 이미지를 학습한다면, 한 에포크는 AI가 이 1만 장의 이미지를 모두 한 번씩 보는 것이다. 여러 에포크를 거치면 AI는 데이터를 반복해 보며 점점 정확하게 예측하게 된다. 에포크 수가 너무 적으면 충분히 배우지 못하고, 너무 많으면 데이터를 외워 새로운 데이터에 대응하지 못하는 문제가 생기기도 한다.

또 하나 중요한 설정은 학습률(learning rate)이다. 학습률은 앞서 말한 경사 하강법에서 AI가 실수를 수정할 때 한 번에 얼마나 크게 움직일지를 결정하는 수치다. 학습률이 너무 크면 정답에서 멀리 벗어나 성능이 나빠질 수 있고, 너무 작으면 학습 속도가 느려진다. 따라서 적절한 학습률을 찾아 균형을 맞추는 것이 중요하다. 이러한 미니배치 크기, 에포크 수, 학습률같이 학습 과정에서 정하는 여러 설정값을 하이퍼파라미터(hyperparameter)라고 한다. 하이퍼파라미터를 잘 선택하면 AI는 빠르고 정확하게 배우며 좋은 성능을 보이게 된다.

참고문헌

LeCun, Y. et al.(2015.5). Deep learning. *Nature, 521*(7553), pp.436~444. https://www.researchgate.net/publication/277411157_Deep_Learning

Litjens, G. et al.(2017.12). A survey on deep learning in medical image analysis. *Medical image analysis, 42*, pp.60~88. https://pubmed.ncbi.nlm.nih.gov/28778026/

Ronneberger, O. et al.(2015.5.18). U-Net: Convolutional networks for biomedical image segmentation. In Navab, N. et al.(eds.). *Proceedings of MICCAI 2015*(pp.234~241). Springer. https://arxiv.org/abs/1505.04597

04
인공지능 모델 검증과 임상 적용성 평가

의료는 정확성과 안전성이 무엇보다 중요하기 때문에, AI 모델이 실제로 환자 진료에 활용되기 전 반드시 엄격한 검증을 거쳐야 한다. 의료 영상 분야를 중심으로 AI 모델을 검증하는 방법론과 성능 평가 지표들을 설명하고, 임상에서 AI 모델이 실제로 어떻게 평가되는지를 소개한다.

AI와 사주?

의료 AI 모델 검증의 필요성과 방법론

의료 인공지능은 환자의 생명과 건강에 직접적인 영향을 주기 때문에, 일반적인 소프트웨어보다 훨씬 더 까다롭고 철저한 검증 과정을 거쳐야 한다. 만약 AI 모델이 잘못된 판단을 내리면, 환자의 진단과 치료가 잘못될 수 있고, 이는 치명적인 의료 사고로 연결될 수 있다. 따라서 의료 AI는 개발 단계서부터 실제 병원에서 사용할 수 있을 때까지 여러 단계에 걸쳐 신중히 검증해야 한다. 이 검증 과정은 크게 내부 검증과 외부 검증으로 나눌 수 있다.

내부 검증(Internal Validation)

내부 검증이란 AI 모델을 개발할 때 사용한 데이터를 활용해 모델의 성능을 평가하는 것을 말한다. 내부 검증을 위해 데이터를 세 가지로 나누어 사용하는 것이 일반적이다(Litjens et al., 2017).

1) 훈련 데이터(Training data)

AI가 질병을 정확히 판단할 수 있도록 특징을 학습할 때 사용하는 데이터다. 쉽게 말하면, AI가 문제를 푸는 법을 배우는 '공부용 교재' 같은 역할을 한다.

2) 검증 데이터(Validation data)

AI 모델이 학습 중간에 얼마나 잘 배우고 있는지를 확인하고, 성능을 개선하기 위해 쓰이는 데이터다. AI가 공부를 제대로 하고 있는지 중간고사처럼 확인하는 역할을 한다.

3) 테스트 데이터(Test data)

마지막 단계에서 AI의 최종 성능을 객관적으로 평가하는 데이터로, 훈련 과정에서 한 번도 사용하지 않은 독립적인 데이터를 사용한다. 이는 마치 기말고사처럼 최종적인 성적을 매기는 용도라고 할 수 있다.

이렇게 데이터를 구분하는 이유는 AI가 훈련 데이터를 외우는 현상(과적합)을 방지하기 위해서다. 과적합은 AI가 훈련 데이터를 너무 자세히 외워서 새로운 데이터에서는 잘 맞추지 못하는 현상을 의미한다. 따라서 별도의 데이터로 성능을 평가해 AI가 실제 환자에게 적용했을 때도 좋은 성능을 보일 수 있게 하는 것이다.

외부 검증(External Validation)

외부 검증은 개발에 사용하지 않은, 다른 병원이나 기관에서 얻은 독립적인 데이터로 모델을 평가하는 과정이다. 의료 AI는 장비, 병원의 검사 방식, 환자 특성 등 환경의 차이에 따라 성능이 크게 달라질 수 있다. 예를 들어 서울의 대학병원에서 개발된 AI 모델이 지방의 작은 병원에서는 기대만큼 작동하지 않을 수도 있다. 외부 검증은 이런 문제를 미리 확인해 다양한 의료 환경에서도 AI 모델이 안정적으로 작동할 수 있는지를 평가하는 단계다(Park & Han, 2018).

의료 AI 모델의 성능 평가 지표

의료 AI 모델이 실제로 얼마나 정확하고 신뢰할 수 있는지 평가하기 위해 여러 가지 지표가 사용된다. 특히 의료 영상 분야에서는 다음 지표들을 기본적으로 사용한다.

의료 분야에서는 하나의 지표만으로는 모델 성능을 충분히 평가하기 어렵기 때문에, 여러 지표를 함께 사용해 모델이 정확하고 신뢰할 수 있는지 꼼꼼하게 평가해야 한다.

정확도(Accuracy)

AI가 전체 데이터에서 얼마나 많이 정확한 결론을 내렸는지를 나타낸다. 예를 들어 100명의 환자 중 95명의 병을 맞게 진단했다면 정확도는 95%가 된다. 하지만 질병 환자의 비율이 매우 낮으면 이 지표만으로는 충분하지 않다(Parikh et al., 2008).

민감도(Sensitivity)와 특이도(Specificity)

민감도는 실제로 질병이 있는 환자 중에서 AI가 병이 있다고 정확히 판단한 비율이다. 암 같은 심각한 질병은 민감도가 높을수록 좋다. 특이도는 실제로 병이 없는 건강한 사람을 정확히 '정상'이라고 판정하는 비율이다. 이는 잘못된 진단으로 환자들이 불필요한 검사와 치료를 받지 않도록 하는 데 중요하다(Parikh et al., 2008).

정밀도(Precision)

정밀도는 AI가 '질병이 있다'고 판단한 사례 중 얼마나 실제로 병이 있었는지를 나타내는 비율이다. 정밀도가 낮으면 환자들이 불필요한 치료를 받을 수 있다.

F1 점수(F1 Score)

F1 점수는 민감도와 정밀도를 모두 고려한 종합 지표로, 두 지표의 균형이 중요할 때 사용된다(Powers, 2011).

ROC 곡선과 AUC

ROC 곡선은 민감도와 특이도를 그래프로 표현해 AI 모델의 성능을 시각적으로 쉽게 확인할 수 있게 한다. 이 곡선의 밑면적을 AUC라고 하며, AUC 값이 1에 가까울수록 우수한 모델이다(Hajian-Tilaki, 2013).

임상적 적용성 평가 방법론

AI가 기술적으로 우수해도 병원에서 실제 사용되지 못하면 의미가 없다. 따라서 AI가 실제 진료 환경에서 의사들에게 도움이 되는지 평가하는 것이 임상적 적용성 평가다.

임상 업무와의 통합성

AI가 기존 의료 시스템에 쉽게 통합될 수 있는지를 평가한다. 예를 들어 병원의 영상 시스템(PACS)과 AI가 잘 연결되어야 의사가 쉽게 사용할 수 있다.

지속적 성능 모니터링

AI는 병원의 환경이 바뀌면 성능이 떨어질 수 있다. 따라서 AI 모델을 병원에서 사용하면서도 주기적으로 성능을 점검하고, 필요하면 업데이트를 진행해 꾸준히 좋은 성능을 유지할 수 있도록 한다.

임상적 유용성 평가

AI가 실제 환자 진료에 도움이 되는지 평가하는 단계다. 임상 유용성을 확인하기 위해서는 실제 진료 상황에서 AI를 사용한 경우와 사용하지 않은 경우를 비교하는 전향적 연구(prospective study)나 무작위 대조 시험(RCT) 같은 과학적 연구 방법이 사용된다(Kelly et al., 2019). 이를 통해 AI가 환자 치료에 실질적으로 기여하는지를 확인한다.

참고문헌

Hajian-Tilaki, K.(2013). Receiver operating characteristic(ROC) curve analysis for medical diagnostic test evaluation. Caspian *Journal of Internal Medicine, 4*(2), pp.627~635.

Kelly, C. J. et al.(2019). Key challenges for delivering clinical impact with artificial intelligence. *BMC Medicine, 17*(1), 195.

Litjens, G. et al.(2017). A survey on deep learning in medical image analysis. *Medical Image Analysis, 42*, pp.60~88.

Parikh, R. et al.(2008). Understanding and using sensitivity, specificity and predictive values. *Indian Journal of Ophthalmology, 56*(1), pp.45~50.

Park, S. H. & Han, K.(2018). Methodologic guide for evaluating clinical performance and effect of artificial intelligence technology for medical diagnosis and prediction. *Radiology, 286*(3), pp.800~809.

Powers, D. M.(2011). Evaluation: From precision, recall and F-measure to ROC, informedness, markedness and correlation. *Journal of Machine Learning Technologies, 2*(1), pp.37~63.

05
AI를 통한 의료 진단 혁신

인공지능을 활용한 의료 진단 기술의 핵심 분야와 원리를 설명한다. 또한 의료 AI의 핵심 기술인 전이 학습과 도메인 적응의 개념과 중요성도 함께 다룬다.

AI와 아이돌?

영상 진단 분야에서의 AI

의료 영상 진단은 방사선 사진(X-ray), 컴퓨터단층촬영(CT), 자기공명영상(MRI) 등 환자의 내부 상태를 시각화한 영상을 전문의가 판독해 질병을 진단하는 분야다. 전통적으로 이러한 영상은 전문의의 경험과 지식을 바탕으로 해석되어 왔지만, 최근 딥 러닝 기반 영상 분류 기술이 도입되면서 판독 과정에 큰 변화가 일어나고 있다.

딥 러닝의 한 종류인 합성곱 신경망은 이미지 인식에 특화된 구조로서, 방대한 일반 이미지 데이터를 학습해 패턴 인식 능력을 갖춘 후 의료 영상에 적용하면 뛰어난 성능을 발휘한다. 예를 들어, 한 연구는 딥 러닝을 활용해 흉부 엑스선 사진에서 폐렴을 탐지한 결과 방사선과 전문의에 필적하는 정확도를 보였다고 보고되었다(Kim et al., 2022). 2020년에는 유방암 진단을 위한 AI 모델을 대규모 국제 데이터세트에서 평가한 결과, 일부 경우 영상의학 전문의를 능가하는 정확도를 기록해 화제가 되었다(McKinney et al., 2020).

디지털 병리 영상 분석 분야의 AI

병리학은 현미경을 이용해 조직을 자세히 관찰해 질병을 진단하는 분야다. 디지털 병리는 조직 표본을 고해상도 이미지(WSI, Whole Slide Image)로 변환해 컴퓨터로 분석하는 기술이다. 이 이미지는 픽셀이 수억 개에 달할 정도로 크고 복잡해 전문가도 많은 시간이 필요하다. 최근 AI 기술, 특히 딥 러닝은 이러한 복잡한 병리 이미지를 빠르고 정확하게 분석할 수 있게 해준다.

AI는 병리 이미지에서 암세포와 정상 조직을 구분하는 '이미지 분할(segmentation)'을 수행한다. 많은 데이터를 학습한 AI는 조직 표본 이미지에서 암세포의 위치를 찾아낼 수 있다. 예를 들어, 4만 장 이상의 병리 이미지를 AI가 분석해 전립선암, 피부암, 유방암 림프절 전이를 모두 높은 정확도로 진단할 수 있음을 보였다(Campanella et al., 2019). 이 AI 시스템은 암이 없는 조직 슬라이드의 상당수를 자동으로 제외하고, 암이 의심되는 슬라이드만 의사에게 알려줘 진단 효율을 높였다.

AI가 병리 전문가를 완전히 대체하기보다는, 복잡하고 시간이 오래 걸리는 진단 업무를 효과적으로 보조하는 역할을 한다. 최근 연구들에 따르면 디지털 병리 분야의 AI는 이미 임상에서 실제로 사용될 만큼 높은 정확도를 달성하고 있다(McGenity et al., 2024).

유전자 기반 진단에서의 AI 활용

유전자 기반 진단은 사람의 DNA에서 질병과 관련된 변이를 찾아내 진단하거나 예측하는 기술이다. 인간의 유전체(genome)에는 질병과 관련된 수많은 유전 변이가 존재하지만, 이를 전부 사람이 분석하는 것은 불가능하다. 최근 유전체학(Genomics) 기술의 발달로 수백만 개의 유전 정보를 한꺼번에 분석할 수 있게 되었으며, 이 방대한 데이터를 처리하고 의미 있는 정보를 찾아내기 위해 AI가 적극 활용되고 있다.

특히 변이 해석(variant interpretation)은 AI가 중요한 역할을 하는 분야다. 변이 해석은 DNA에서 발견된 특정 변이가 질병을 일으키는지 아닌지를 판단하는 것이다. 예를 들어 구글 딥마인드에서 개발한 알파미스센스(AlphaMissense)라는 AI 모델은 수많은 유전체 정보를 학습해 각 변이가 질병과 관련이 있는지를 높은 정확도로 예측했다(Cheng et al., 2023). 이와 같은 AI 기술 덕분에 과거에는 발견하기 어려웠던 희귀한 유전 질환의 원인을 보다 쉽게 밝혀낼 수 있게 되었다.

또한 AI는 DNA뿐 아니라 유전자 발현량이나 단백질 정보 등 다양한 생물학적 데이터를 분석해 질병을 더 세부적으로 구분하거나 치료에 대한 반응을 예측하는 데도 사용된다. 이를 통해 환자 개인에게 맞춤화된 치료를 가능하게 하는 정밀 의료(precision medicine)가 발전하고 있다.

임상 검사 자동 판독에서의 AI

임상 검사는 환자의 혈액이나 소변 등을 분석해 건강 상태를 평가하는 검사다. 혈액 검사, 소변 검사, 세포 검사, 미생물 검사가 이에 해당한다. 최근에는 AI를 활용해 이러한 검사 결과를 자동으로 판독하고, 이상 여부를 빠르게 판단하는 기술이 개발되고 있다.

AI는 임상 검사에서 두 가지 방식으로 주로 활용된다. 첫째는 혈액 검사같이 숫자 형태로 나타나는 데이터를 분석하는 것이다. 사람은 여러 검사 수치를 종합해 질병 여부를 판단하지만, AI는 훨씬 많은 검사 항목을 동시에 고려해 더 정확한 판단을 내릴 수 있다. 예를 들어 AI를 이용해 환자의 검사 수치를 분석해 패혈증 발생 위험을 조기에 예측한다(Fleuren et al., 2020). 이처럼 AI는 검사를 통해 얻은 데이터를 신속하고 정확하게 분석해 의사들이 미리 대응할 수 있도록 도움을 준다.

둘째는 현미경으로 보는 검사 이미지 분석에 AI를 적용하는 것이다. 혈액 속 세포나 미생물 배양 결과 같은 이미지 데이터를 AI가 판독해 이상을 찾아낸다. 예를 들어 자궁경부암 검사를 위한 세포 영상에서 이상 세포를 정확히 찾아내 의사의 판독을 도울 수 있다(Rahaman et al., 2020). 이런 기술 덕분에 사람의 눈으로 일일이 확인해야 하는 수천, 수만 개의 세포를 빠르게 분석할 수 있다.

결과적으로 임상 검사에 AI를 도입하면 검사의 정확성은 높아지고 속도도 빨라져 의료진은 환자 치료에 더욱 집중할 수 있게 된다.

의료 AI의 핵심 기술: 전이 학습과 도메인 적응

의료 AI의 성능을 높이기 위해 중요한 두 가지 기술이 전이 학습과 도메인 적응이다. 전이 학습(Transfer learning)은 한 분야에서 이미 학습한 지식을 다른 유사한 분야에 적용하는 방법이다. 예를 들어 자전거를 잘 타는 사람이 오토바이를 배우기 쉽듯, AI 역시 일반적 이미지로 학습한 패턴 인식 능력을 의료 영상 진단에 활용할 수 있다. 의료 데이터는 보안 문제나 전문성 때문에 충분히 모으기 어렵기 때문에, 이미 잘 학습된 일반 모델을 활용해 효율적으로 의료 분야에 맞는 추가 학습을 진행하는 전이 학습 방식이 널리 사용된다(Kim et al., 2022).

도메인 적응(Domain adaptation)은 AI가 학습한 환경과 실제 사용 환경의 차이를 줄이는 기술이다. 예를 들어 한 병원에서 훈련된 AI가 다른 병원의 다른 장비로 찍은 영상에서는 성능이 떨어질 수 있다. 이런 차이를 해결하기 위해 추가적 재학습을 하거나, 장비나 환경 차이에 영향을 받지 않도록 모델을 훈련시키는 방법이 사용된다(Wilson & Cook, 2020). 이처럼 도메인 적응 기술을 통해 AI는 다양한 병원과 환경에서도 안정적으로 진단을 도울 수 있게 된다.

참고문헌

Campanella, G. et al.(2019.8). Clinical-grade computational pathology using weakly supervised deep learning on whole slide images. *Nature medicine, 25*(8), pp.1301~1309. https://pubmed.ncbi.nlm.nih.gov/31308507/

Cheng, J. et al.(2023.9.19). Accurate proteome-wide missense variant effect prediction with AlphaMissense. *Science, 381*(6664), eadg7492. https://www.science.org/doi/10.1126/science.adg7492

Fleuren, L. M. et al.(2020.5). Machine learning for the prediction of sepsis: A systematic review and meta-analysis of diagnostic test accuracy. *Intensive care medicine, 46*(3), pp.383~400. https://pubmed.ncbi.nlm.nih.gov/31965266/

Kim, H. E. et al.(2022.4.13). Transfer learning for medical image

classification: A literature review. *BMC medical imaging, 22*(1), 69.
https://bmcmedimaging.biomedcentral.com/articles/10.1186/s12880-022-00793-7

McGenity, C. et al.(2024.5.4). Artificial intelligence in digital pathology: A systematic review and meta-analysis of diagnostic test accuracy. *NPJ digital medicine, 7*(1), 114.
https://www.nature.com/articles/s41746-024-01106-8

McKinney, S. M. et al.(2020.1). International evaluation of an AI system for breast cancer screening. *Nature, 577*(7788), pp.89~94. https://pubmed.ncbi.nlm.nih.gov/31894144/

Rahaman, M. M. et al.(2020.1). A survey for cervical cytopathology image analysis using deep learning. *IEEE access, 8*, pp.61687~61710.
https://doaj.org/article/f557a86d7a5146e9b50869eb89171202

Wilson, G. & Cook, D. J.(2020.2.6). A survey of unsupervised deep domain adaptation. *ACM transactions on intelligent systems and technology, 11*(5), pp.1~46.
https://arxiv.org/abs/1812.02849

06
임상 AI 시스템의 설계

임상 AI 진단 보조 시스템이 의료 현장에서 정확한 진단과 효율적인 진료를 실현하는 데 왜 중요한지 설명하고, 데이터 입력부터 AI 분석, 최종 결과 제시까지 이어지는 시스템의 설계와 기술적 구성 요소가 실제 진단 과정에서 어떻게 의사를 효과적으로 지원하는지를 핵심적으로 다룬다.

AI와 야구?

임상 AI 진단 보조 시스템

임상 AI 진단 보조 시스템은 인공지능을 활용해 의사의 진단을 돕는 소프트웨어 시스템이다. 예를 들어 컴퓨터가 엑스선 사진이나 MRI 같은 의료 영상을 분석해 의사가 놓칠 수 있는 질환의 징후를 찾아내거나, 환자의 증상과 검사 결과 데이터를 바탕으로 가능한 진단을 제시해 주는 식이다. 최근에는 환자에게서 얻을 수 있는 방대한 양의 의료 데이터(영상, 전자 건강 기록 등)를 빠르게 처리하고 해석하기 위해 AI 활용이 각광받고 있다(Alhelaiy, 2024). AI는 복잡한 의료 데이터를 인간보다 더 빠르고 정확하게 분석함으로써, 더 정확하고 신속한 진단을 가능하게 할 잠재력을 보여 주고 있다. 이러한 이유로 많은 연구자들과 의료 기관들이 진단 보조 AI 시스템 개발에 관심을 갖고 있으며, 실제로 여러 의료 분야에서 시험적으로 도입되고 있다.

임상 AI 시스템 프로세스

데이터 수집 및 입력

먼저 환자 데이터가 시스템에 들어온다. 여기에는 엑스선, CT 등의 의료 영상 데이터, 환자의 전자건강기록 텍스트, 검사 결과 등이 포함될 수 있다. 이러한 원천 데이터를 확보한 뒤 시스템에 입력한다.

데이터 전처리

입력된 원시(raw) 데이터는 바로 AI 모델에 쓰기 어렵기 때문에, 사용하기 좋은 형태로 정리 및 변환된다. 예를 들어 영상 데이터의 경우 환자 개인정보를 가리는 익명화(de-identification) 작업과 화질 향상, 품질 검사가 이뤄진다(Diaz et al., 2021). 또한 데이터의 일관성 검사와 오류 수정이 이뤄져 신뢰할 수 있는 정보만 남기고, AI가 이해할 수 있도록 특징(feature) 추출이나 정규화 등의 처리를 한다.

AI 알고리즘 분석

전처리된 데이터는 AI 모델에 입력되어 분석이 진행된다. AI 모델은 머신 러닝 또는 딥 러닝 알고리즘으로 구성되며, 훈련된 패턴을 이용해 입력 데이터를 해석한다. 예를 들어 환자 흉부 엑스선 사진을 입력하면 폐렴이나 결절이 의심되는 부분을 찾아낸다. 이 단계에서 AI는 사전에 학습한 내용을 기반으로 예측(예: 질병 유무, 위험도 점수 등) 또는 분류(예: 정상/비정상)를 수행한다.

결과 출력 및 제시

AI 모델의 분석 결과는 사람이 이해하기 쉬운 형태로 변환되어 의사에게 제공된다. 예를 들어 "좌측 폐 상부에 폐렴 소견이 의심됩니다"같이 자연어 보고서로 출력하거나, 영상에서는 이상 부위에 표식을 해주는 방식이다. 또한 확률 점수나 위험 등급으로 결과를 나타내기도 한다. 이때 시스템은 결과만 보여 주는 것이 아니라 근거가 된 영상의 위치 표시나 관련 설명을 함께 제공해 의사가 결과를 해석하고 신뢰할 수 있도록 돕는다. 이러한 일련의 과정은 AI 모델을 개발할 때뿐만 아니라 실제 사용 시에도 기본적인 틀은 비슷하다. 다만 모델 개발 단계에서는 대량의 예시 데이터를 모아 AI를 학습시키는 과정이 추가된다. 개발 시에는 수천수만 건의 훈련 데이터에 대해 전문가가 질병 유무 등의 정답 레이블을 달아 AI를 학습(training)시키고, 이후 별도의 검증 데이터로 성능을 시험해 조정한다. 한편 운영 단계에서는 이미 학습된 모델을 이용해 새 환자 데이터에 대해 실시간으로 결과를 제공한다.

시스템 아키텍처와 구성 요소

임상 AI 시스템의 내부 구조(아키텍처)는 여러 모듈

(module)로 구성되며, 각 모듈이 데이터를 주고받으며 동작한다. 일반적으로 다음과 같은 주요 구성 요소를 포함한다.

데이터 입력 모듈

병원의 데이터베이스나 의료 기기(예: 영상 촬영 장치)로부터 데이터를 불러오는 부분이다. 병원 정보 시스템(HIS, Hospital Information System) 혹은 의료 영상 저장 전송 시스템(PACS)과 연동해 환자 정보를 가져오며, 필요한 경우 API(Application Programming Interface)나 데이터베이스 질의로 정형 데이터와 비정형 데이터(예: 의사 소견 문서)를 모두 수집한다.

전처리 및 특징 추출 모듈

입력된 데이터의 품질을 검증하고 AI에 필요한 형태로 가공한다. 예를 들어 SQL(Structured Query Language) 쿼리를 통해 환자 EHR 데이터베이스에서 필요한 정보를 추출하고 CSV 등으로 변환하며, 의료 텍스트 데이터라면 자연어 처리(NLP)를 이용해 의미 있는 특징(키워드, 빈도 등)을 숫자 형태로 변환하고, 영상 데이터라면 이미지에서 영상 특징(모양, 경계 등)을 추출한다.

AI 모델 모듈

머신 러닝 · 딥 러닝 알고리즘이 구현된 핵심 부분이다. 전처리 모듈에서 넘겨준 특징 데이터를 입력받아 예측 모델을 실행한다. 이 모듈은 사전에 훈련된 모델일 수도 있고, 계속 학습하는 온라인 러닝 모델일 수도 있지만, 의료에서는 한 번 검증된 고정 모델을 쓰는 경우가 많다. 이 모델은 예측 결과(예: 질병 가능성 점수)를 생성해 다음 단계로 전달한다.

결과 처리 및 통보 모듈

모델의 출력 결과를 사람이 이해하고 사용할 수 있도록 변환하는 부분이다. 예측 결과를 의무 기록 시스템에 기록하거나 알림으로 전송하고, 사용자 인터페이스에 표시할 자료를 생성한다. 또한 사전에 정한 임곗값(threshold)을 넘는 위험도가 발견되면 경고를 발생시키는 로직도 포함된다.

사용자 인터페이스(UI) 모듈

의사나 의료진이 AI 결과를 확인하고 상호작용하는 화면 또는 소프트웨어다. 종종 병원의 기존 전자의무기록(EMR, Electronic Medical Record) 시스템 화면에 플러

그인 형태로 통합되어 의사가 한눈에 AI가 제시한 분석을 볼 수 있게 한다. 또는 별도의 대시보드나 애플리케이션으로 제공되기도 한다.

이러한 모듈들은 순차적인 파이프라인으로 구성되어 데이터가 흐른다. 예를 들어 뇌전증(간질) 수술이 필요한 환자를 찾아 주는 AI 시스템 개발의 동작 과정을 보면 다음과 같다.

1. 병원의 데이터베이스에서 간질 환자의 진료 기록을 주기적으로 추출한다(SQL 질의를 통해 필요한 환자 데이터 수집 후 CSV 형태로 저장).

2. 특징 추출 모듈이 환자의 의무 기록 내 의사 소견 텍스트를 자연어 처리해 숫자 형태의 특징 벡터로 변환한다.

3. 과거에 수술을 받은 환자와 약물로 조절된 환자의 데이터를 이용해 머신 러닝 분류 모델(예: 서포트 벡터 머신)을 훈련하고, 새로운 환자 데이터에 대해서는 훈련된 모델로 수술 필요성 점수를 예측한다.

4. 이렇게 계산된 위험 점수 결과는 다시 병원 시스템 DB에 저장되고, 상위 점수 환자 목록을 병원 EMR에 전달해 의사에게 알림 메시지로 표시한다. 의사는 해당 알림을 통해 후보 환자의 기록을 검토하고 추가 진단을 진

행하게 된다.

5. 이 시스템은 매주 새로운 진료 데이터가 쌓이면 자동으로 위 과정을 반복해 계속 최신 정보로 모델 예측을 업데이트한다.

위 사례에서 보듯, 임상 AI 시스템 아키텍처는 데이터 추출 → 특징 처리 → 모델 예측 → 결과 통합의 구조로 이뤄져 있다. 각각의 모듈은 마치 공장에서 원자재를 가공하듯, 의료 데이터를 점진적으로 처리해 의미 있는 의료 인사이트를 만들어 내는 역할을 한다.

참고문헌

Alhelaiy, M.(2024). Artificial intelligence in healthcare. *Biomedical reports, 22*, p.11. https://pubmed.ncbi.nlm.nih.gov/39583770/

Diaz, O. et al.(2021). Data preparation for artificial intelligence in medical imaging: A comprehensive guide to open-access platforms and tools. *Physica medica, 83*, pp.25~37. https://diposit.ub.edu/dspace/bitstream/2445/184093/1/710675.pdf

07
인공지능의 한계와 가능성

의료 분야에서 인공지능은 발전 과정에서 여러 한계와 쟁점이 드러나고 있다. 이 장에서는 먼저 기술적 한계를 검토하고, 인간 전문가와 AI의 협업 구조를 다뤄, 의료 의사결정 과정에서 인간과 AI가 상호보완적으로 역할 하는 방안을 모색한다.

AI와 윤동주?

의료 AI의 기술적 한계

의료 인공지능은 많은 데이터를 빠르게 분석해 진단과 치료를 돕는 데 효과적이지만, 아직 해결해야 할 몇 가지 기술적 문제가 있다. 특히 설명 가능성 부족, 일반화의 어려움, 데이터 편향, 예측의 신뢰성 문제가 주요 한계로 꼽히며, 연구자들은 이를 극복하기 위해 노력하고 있다.

설명 가능성 부족 의료

딥 러닝 같은 최신 AI 기술은 정확한 진단 결과를 제시하지만, 그 결과가 어떻게 나왔는지 사람이 이해하기 어렵다는 단점이 있다. 이를 흔히 '블랙박스(black box)' 문제라고 하는데, 특히 의료 분야에서는 AI가 내린 결정을 의사가 이해하지 못하면 실제 진료에서 AI를 신뢰하고 활용하기 어렵다.

이 문제를 해결하기 위해 연구자들은 결과가 나온 과정을 이해할 수 있도록 돕는 설명 가능한 AI(Explainable AI, XAI) 기술을 개발하고 있다. 예를 들어 AI가 어느 부분을 보고 판단했는지 알려 주는 열지도(heatmap) 방식이나, 결과에 영향을 준 요소를 숫자로 보여 주는 LIME, SHAP 같은 방법이 대표적이다(Amann et al., 2020). 그러나 아직 설명이 잘 되는 모델은 성능이 다소 떨어지고,

성능이 뛰어난 모델은 설명하기 어렵다는 한계가 남아 있어 두 가지 사이에서 균형을 잡는 것이 중요한 과제다.

일반화의 어려움

의료 AI는 한 특정 병원의 데이터로 학습하면 그 병원의 환자에 대해서는 잘 맞힐 수 있지만, 다른 병원이나 환경에서 사용할 때 성능이 크게 떨어지는 경우가 많다. 예를 들어 흉부 엑스선으로 폐렴을 진단하는 AI 모델은 이를 개발한 병원에서는 좋은 성능을 보였지만, 다른 병원에서 사용했을 때 정확도가 매우 낮아졌다(Zech et al., 2018). 그 이유는 AI가 실제 폐렴의 특징보다는 특정 병원의 영상 촬영 방식이나 장비 차이를 더 많이 학습했기 때문이다.

이런 문제를 '일반화의 어려움'이라고 한다. 해결 방법으로 여러 병원의 데이터를 함께 모아 다양한 경우를 학습시키거나 데이터를 변형 · 증강해 AI가 다양한 환경에서도 잘 작동하도록 만드는 기술이 연구되고 있다. 또한 AI 성능 평가 시 한 병원 데이터만이 아니라 여러 기관의 데이터를 이용한 외부 평가가 필요하다는 의견이 널리 퍼지고 있다.

데이터 편향과 대표성 문제

AI 모델이 얼마나 좋은 성능을 내는지는 학습에 사용된 데이터가 얼마나 다양하고 대표성을 갖추고 있는지에 크게 달려 있다. 만약 특정 인종이나 연령, 성별 같은 그룹의 데이터가 부족하면 AI는 이들 그룹을 잘못 판단하거나 부정확한 예측을 할 수 있다. 실제 미국에서 사용된 한 AI 시스템은 흑인 환자의 건강 위험도를 실제보다 낮게 평가하는 문제가 있었는데, 이는 모델이 환자의 병원비 지출을 건강 상태의 지표로 잘못 사용하면서 생긴 편향 때문이었다(Obermeyer et al., 2019).

이러한 데이터 편향은 기존의 불평등을 악화하고, 특정 환자 그룹에서 오진이나 치료 지연 같은 문제로 이어질 수 있다(Norori et al., 2021). 연구자들은 이런 문제를 줄이기 위해 편향을 찾아내고 보정하는 알고리즘을 개발하고 있다. 예를 들어 부족한 데이터를 추가로 수집하거나 기존 데이터를 균형 있게 재구성하는 방법(resampling)을 사용하며, 공정성 지표를 도입해 특정 집단에서 성능이 떨어지지 않도록 지속적으로 확인하는 방법도 고려된다.

예측 신뢰도와 안정성

AI가 진료에 도움을 주려면 신뢰할 수 있는 결과를 꾸준히 제공해야 한다. 그러나 AI의 예측 결과가 입력 데이터의 작은 변화에도 크게 흔들리거나 일관적이지 않을 때가 있다. 이런 불안정성은 AI에 대한 의료진의 신뢰를 떨어뜨리고, 실제 임상에서 활용하기 어렵게 한다.

이를 보완하기 위해 AI 모델이 자신의 예측에 얼마나 자신이 있는지 '불확실성'을 표현하는 기술이 개발되고 있다. 예를 들어 여러 모델의 결과를 종합해 신뢰도를 제시하는 앙상블 모델이나, 예측의 정확성을 확률로 제시하는 확률적 딥 러닝 방식이 있다. 또한 AI가 학습하지 못한 데이터가 들어왔을 때 이를 감지해 경고를 내보내거나 사람에게 판단을 넘기는 기술도 연구되고 있다.

이와 같이 의료 AI의 기술적 한계는 여전히 존재하지만, 학계와 산업계가 이를 극복하기 위해 지속적인 연구와 협력을 진행하고 있다. AI가 더 투명하고 다양한 환경에서도 잘 작동하며 모든 환자에게 공정하게 적용될 수 있도록 기술이 발전하는 중이다. 예를 들어 병원 간 협력으로 더 풍부한 데이터를 확보하거나 투명성 평가 기준을 도입해 AI의 신뢰성을 높이는 노력이 이뤄지고 있다.

인간 전문가와 AI의 협업

의료 분야에서 AI 기술이 크게 발전했지만, 여전히 의사나 간호사 같은 의료 전문가의 역할은 매우 중요하다. AI는 엄청난 양의 데이터를 빠르게 분석하고 인간이 놓칠 수 있는 미세한 패턴을 발견할 수 있지만, 환자의 개인적 상황이나 윤리적 판단, 공감이 필요한 문제는 잘 다루지 못한다. 따라서 앞으로의 의료는 인간과 AI가 서로의 강점을 살려 협력하는 방향으로 발전할 것으로 전망된다(Topol, 2019).

AI와 인간 전문가가 협력하면 진단과 치료 과정에서 더 좋은 결과를 얻을 수 있다. 예를 들어 AI가 수천 장의 의료 영상 중 질병이 의심되는 부위를 미리 표시해 주면 의사는 이 정보를 참고해 빠르게 진단을 내리고 중요한 부분에 더 집중할 수 있다. 실제로 최근 연구는 의사가 혼자 진단할 때보다 AI의 도움을 받았을 때 더 정확한 결과를 얻었다고 보고했다(Topol, 2019). 물론 AI의 결과를 무조건적으로 따르는 것이 아니라 항상 의료 전문가가 최종 판단과 책임을 가져야 한다.

이러한 협업을 잘 이루려면 의사들이 AI가 제시한 정보를 이해하고 신뢰할 수 있어야 한다. 과거에는 AI의 결과를 별도 화면으로 확인해야 했지만, 최근에는 병원의 전자건강기록(EHR) 시스템에 자연스럽게 통합돼 의사가 환자 정보를 볼 때 필요한 조언이나 경고를 함께 제공하는 방향으로 발전하고 있다. 또한 AI의 판독 결과를 시각적으로 이해하기 쉽게 표시하고, AI가 얼마나 확신하는지 확률이나 점수로 제시해 의료진이 더욱 편하게 결과를 받아들일 수 있도록 돕는다. 앞으로는 의사들이 AI와 자연스럽게 대화하며 필요한 정보를 얻는 인터페이스도 점점 늘어날 것이다.

이러한 변화 속에서 의료 전문가의 역할과 능력도 새롭게 정의될 것이다. AI가 의료 현장에 점점 자리를 잡으면서 의사들은 AI의 장점과 한계를 명확히 이해하고, AI가 내놓은 결과를 무조건 믿는 것이 아니라 비판적으로 판단할 수 있는 능력을 갖춰야 한다. 최근 의과대학이나 병원에서는 의사들을 위한 AI 교육 과정이 확대되고 있다. AI가 반복적이고 일상적인 업무를 대신 수행해 주면 의료진은 환자와의 소통이나 복잡한 의사결정 등 더욱 가치 있는 업무에 집중할 수 있다. 결국 AI는 의사를 대체하는 것이 아니라, AI를 능숙하게 사용하는 의사가 의료의 질을 높이고 환자의 신뢰를 받을 것으로 기대된다 (Topol, 2019).

결과적으로 인간 전문가와 AI의 협력은 의료를 더 효

율적이고 환자 중심적으로 만드는 중요한 변화다. AI의 분석력과 인간의 공감력, 윤리적 판단력을 결합하면 의료 서비스가 더 정확해지고 따뜻해질 수 있으며, 궁극적으로 환자들이 더 나은 치료와 진료를 받을 수 있을 것이다.

참고문헌

Amann, J. et al.(2020.11.30). Explainability for artificial intelligence in healthcare: A multidisciplinary perspective. *BMC medical informatics and decision making, 20*(1), 310. https://bmcmedinformdecismak.biomedcentral.com/articles/10.1186/s12911-020-01332-6

Norori, N. et al.(2021.10.8). Addressing bias in big data and AI for health care: A call for open science. *Patterns, 2*(10), 100347. https://pubmed.ncbi.nlm.nih.gov/34693373/

Obermeyer, Z. et al.(2019.10.25). Dissecting racial bias in an algorithm used to manage the health of populations. *Science, 366*(6464), pp.447~453. https://pubmed.ncbi.nlm.nih.gov/31649194/

Topol, E. J.(2019.1). High-performance medicine: The convergence of human and artificial intelligence. *Nature medicine, 25*(1), pp.44~56. https://www.nature.com/articles/s41591-018-0300-7

Zech, J. R. et al.(2018.11.6). Variable generalization performance of a deep learning model to detect pneumonia in chest radiographs: A cross-sectional study. *PLoS medicine,*

15(11), e1002683.
https://journals.plos.org/plosmedicine/article?id=10.1371/journal.pmed.1002683

08
의료 AI의 실질적 활용

의료 인공지능은 영상 판독 등 다양한 분야에서 의료진의 업무를 효율화하고 환자 치료의 질을 높이고 있다. 병원에서 운영 중인 AI 시스템의 실제 사례, 국가별 도입 현황, 의료 산업의 활용, 의료진과 환자의 경험 변화에 대해 핵심적으로 살펴본다.

AI와 한의학?

병원의 AI 시스템 활용 사례

AI가 병원에서 가장 활발하게 사용되는 분야는 의료 영상 분석이다. 의료 영상은 엑스선, CT, MRI 등 여러 가지 형태로 이뤄져 있으며, 질병 진단과 치료 결정에 중요한 자료가 된다. 하지만 의사가 모든 영상을 꼼꼼히 판독하는 데는 시간이 많이 걸리고 실수가 발생할 가능성도 있다. AI 시스템은 이를 보완해, 예를 들어 뇌졸중 환자의 뇌 CT 영상에서 빠르게 혈관이 막힌 부위를 찾아내 의사가 즉시 치료를 시작할 수 있게 도와준다(Santiago-Dieppa et al., 2023). 또한 병리 진단 분야에서도 AI는 중요한 역할을 한다. 병리 진단이란 현미경으로 조직 샘플을 분석해 질병의 유무를 판단하는 과정인데, AI는 이러한 조직 영상에서 암세포 같은 이상 소견을 자동으로 찾아내 병리 의사가 더욱 정확하고 빠르게 진단할 수 있도록 도와준다(Joshi et al., 2024). 그뿐만 아니라 환자의 혈액 검사 결과나 활력 징후를 실시간으로 분석해 패혈증 같은 위험한 질환을 조기에 예측해 의료진에게 즉각 알림을 주는 시스템도 도입되고 있다(Wong et al., 2021). 이처럼 병원에서 AI는 의사의 진단과 결정을 보조하는 핵심 도구로 자리 잡고 있다.

국가별 보건 의료 시스템의 AI 도입 사례

의료 AI를 도입하는 방식은 국가마다 다르며, 각국은 자국의 의료 시스템과 환경에 맞춰 AI 기술을 활용하고 있다. 예를 들어, 미국에서는 식품의약국(FDA)이 의료 AI의 안전성과 유효성을 평가한 뒤 승인하는 과정을 통해 수백 가지의 AI 제품이 이미 병원에 적용되고 있다(Joshi et al., 2024). 영국은 국가보건서비스(NHS)를 통해 국가적 차원에서 의료 AI 도입을 적극적으로 추진하고 있으며, 특히 영상 진단 분야에서 AI 시스템을 도입해 의료진의 업무 부담을 덜고 진료 효율성을 높이고 있다(Lawton et al., 2024). 한편 한국은 정부가 주도하는 '닥터앤서' 프로젝트를 통해 다양한 질병에 대한 AI 진단 소프트웨어를 개발해 실제 병원 환경에서의 검증을 진행 중이며, 국내 의료 현실에 맞는 맞춤형 AI 시스템을 구축하는 것을 목표로 하고 있다(Rho et al., 2022). 이렇게 국가마다 서로 다른 접근 방식을 통해 AI 기술을 도입하고 활용하고 있으며, 각국의 성공적인 사례를 참고해 AI 도입의 폭이 점차 확대되고 있다.

의료 산업에서의 AI 활용 사례

병원 외에 의료 산업 전반에서도 AI 기술은 다양한 방면에서 실질적으로 활용되고 있다. 의료 산업은 병원에서 사용하는 의료 기기를 개발하거나 신약을 개발하는 제약 회사 등을 포함하며, 이 분야에서도 AI는 혁신을 주도하는 중요한 역할을 맡고 있다. 예를 들어 MRI나 CT 같은 의료 영상 장비 제조사들은 장비에 AI를 내장해 촬영한 영상을 실시간으로 분석하고, 질병의 징후를 즉각적으로 의사에게 알려 주는 기술을 도입하고 있다. 또한 당뇨병 환자의 망막 사진을 AI가 자동으로 분석해 망막 이상 여부를 즉시 진단하는 AI 시스템이 미국과 유럽 등에서 상용화되어, 안과 전문의가 부족한 지역에서도 신속하고 정확한 진단과 치료가 이뤄지도록 돕고 있다(Ruamviboonsuk et al., 2022). 제약 산업에서도 AI는 신약 개발을 가속화하는 데 기여하고 있다. AI가 방대한 화학 물질 데이터베이스에서 효과적인 신약 후보 물질을 빠르게 찾아내는 과정으로, 기존의 방법보다 훨씬 적은 비용과 시간으로 신약을 개발할 수 있게 된다(Burki, 2020). 이처럼 의료 산업 분야에서도 AI는 중요한 기술적 혁신을 이루고 있다.

의료진과 환자 경험의 변화

의료 현장에 AI가 도입되면서 의료진과 환자의 경험에도 많은 변화가 생겼다. 의료진 입장에서는 반복적이고 지루한 업무를 AI가 대신 처리해 주기 때문에, 중요한 임상적 판단과 환자와의 의사소통에 더 많은 시간을 투자할 수 있게 되었다. 예를 들어 대장 내시경 검사에서 AI가 자동으로 용종(대장암의 초기 병변)을 탐지해 줌으로써, 의사의 진단 정확도를 높이고 검사 시간을 단축해 의료의 질을 향상시키고 있다(Xu et al., 2023). 환자 입장에서도 AI는 검사 결과를 오랫동안 기다리는 스트레스를 크게 줄여 준다. 당뇨병 환자는 전문 안과 병원이 아니더라도 1차 진료소에서 간단한 사진 촬영만으로 망막의 이상 유무를 신속하게 진단받을 수 있다(Ruamviboonsuk et al., 2022). 다만 AI 시스템이 도입되면서 의료진에게는 AI가 제공한 정보를 최종적으로 검토하고 환자에게 충분히 이해할 수 있도록 설명하는 새로운 책임과 역할이 주어지게 되었다(Lawton et al., 2024). 따라서 의료진이 AI에 대한 적절한 교육과 이해를 갖추는 것도 중요한 과제가 되고 있다.

현재 의료 분야에서는 AI가 실질적으로 널리 사용되며, 환자 진료의 정확성과 효율성을 높이는 데 많은 도움을 주고 있다. 앞으로 더 많은 병원과 의료 산업에서 AI가 보급되고 활용되기 위해서는 신뢰할 수 있는 데이터

구축과 AI에 대한 의료진 및 환자의 이해와 교육이 반드시 필요하다. 또한 AI 기술의 투명성과 공정성을 높이는 노력도 지속적으로 이뤄져야 할 것이다. 이렇게 AI 기술과 인간 전문가가 효과적으로 협력한다면 의료 서비스는 더욱 발전해 궁극적으로 환자의 건강과 삶의 질 향상에 크게 기여할 것이다.

참고문헌

Burki, T.(2020.5). A new paradigm for drug development. *The Lancet digital health, 2*(5), pp.e226~e227. https://pubmed.ncbi.nlm.nih.gov/32373787/

Joshi, G. et al.(2024.1.24). FDA-approved artificial intelligence and machine learning(AI/ML)-enabled medical devices: An updated landscape. *Electronics, 13*(3), 498. https://www.mdpi.com/2079-9292/13/3/498

Lawton, T. et al.(2024.9.19). Artificial intelligence in the NHS: Moving from ideation to implementation. *Future healthcare journal, 11*(3). https://pmc.ncbi.nlm.nih.gov/articles/PMC11452829/

Rho, M. J. et al.(2022.5). Dr. Answer AI for prostate cancer: Intention to use, expected effects, performance, and concerns of urologists. *Prostate international, 10*(1), pp.38~44. https://pubmed.ncbi.nlm.nih.gov/35510100/

Ruamviboonsuk, P. et al.(2022.4). Real-time diabetic retinopathy screening by deep learning in a multisite national screening programme. *The Lancet digital health, 4*(4), pp.e235~e244.

https://pubmed.ncbi.nlm.nih.gov/35272972/

Santiago-Dieppa, D. R. et al.(2023.1). Viz.ai implementation of stroke augmented intelligence and communications platform to improve indicators and outcomes for a comprehensive stroke center and network. *American journal of neuroradiology, 44*(1), pp.47~53. https://pubmed.ncbi.nlm.nih.gov/36574318/

Wong, A. et al.(2021). External validation of a widely implemented proprietary sepsis prediction model in hospitalized patients. *JAMA internal medicine, 181*(8), pp.1065~1070. https://pubmed.ncbi.nlm.nih.gov/34152373/

Xu, H. et al.(2023.2). Artificial intelligence-assisted colonoscopy for colorectal cancer screening: A multicenter randomized controlled trial. *Clinical gastroenterology and hepatology, 21*(2), pp.337~346. https://pubmed.ncbi.nlm.nih.gov/35863686/

09
규제와 표준화

의료 인공지능의 안전한 활용을 위한 국제적 규제 현황과 한국의 규제 사례를 소개하고, 의료 AI를 개발할 때 반드시 고려해야 할 데이터 보안, 알고리즘 검증, 기술 인증 등 핵심적인 표준화 과정을 설명한다.

AI와 화장품?

의료 AI 규제 체계

의료 인공지능은 사람의 건강과 생명에 직접 영향을 줄 수 있는 기술이기 때문에 엄격한 규제가 필요하다. 예를 들어 AI가 종양을 놓치거나 질병을 잘못 예측하면 환자가 위험에 처할 수 있다. 따라서 의료 AI는 시장에 출시되기 전에 국가별로 정해진 규제기관의 철저한 평가를 거쳐야 한다.

국제적으로는 미국의 식품의약국(FDA)이 가장 활발히 AI 의료 기기를 심사하고 있다. FDA는 AI를 포함한 소프트웨어를 의료 기기로 분류하고, 이 제품들이 환자에게 안전하고 정확한 결과를 제공하는지 확인한다. 특히 최근에는 AI 특유의 문제점, 예컨대 학습 데이터의 편향이나 모델의 신뢰성 문제 등을 평가하기 위해 별도의 기준을 개발하고 있다(Benjamens et al., 2020). 유럽연합(EU) 또한 2021년에 AI를 위한 새로운 규제를 발표해 AI를 위험 수준에 따라 분류하고, 의료 분야처럼 높은 위험을 지닌 기술은 더욱 엄격한 평가를 받도록 하고 있다(Muehlematter et al., 2021).

한국 역시 이러한 국제적 흐름을 반영해 AI 의료 기기 규제를 강화하고 있다. 한국의 의료 AI는 식품의약품안전처(식약처)가 관리하며, AI 제품이 시장에 출시되기 전에 충분한 안전성과 성능을 입증해야 한다. 식약처는 AI 소프트웨어의 정확성과 안정성뿐만 아니라, 실제 의료 환경에서의 임상적 유용성도 꼼꼼히 평가한다(식품의약품안전처, 2017). 또한 한국은 최근 규제 샌드박스 같은 제도를 활용해, AI 의료 기기가 임상 환경에서 안전성을 테스트할 수 있는 환경을 지원하고 있다. 이를 통해 실제 진료 환경과 유사한 조건에서 AI의 효과를 검증할 수 있도록 돕고 있다.

이렇게 각국이 의료 AI에 대한 엄격한 규제를 강화하는 이유는 환자의 안전을 지키고, 기술의 신뢰성을 확보해, 의료 AI가 실제 의료 현장에서 효과적으로 활용될 수 있도록 하기 위함이다. 의료 AI 개발자와 사용자 모두에게 이러한 규제 체계는 꼭 이해하고 준수해야 하는 중요한 사항이다.

글로벌 표준화의 핵심 기술 이슈

의료 AI가 환자의 안전을 보장하고 신뢰를 얻으려면 국제적으로 합의된 표준과 규격을 따라야 한다. 이를 위해 다음과 같은 세 가지 핵심 기술적 문제가 중요하다.

데이터 보안

의료 AI는 환자의 민감한 개인정보를 사용하므로, 데이터가 외부에 유출되거나 악용되지 않도록 보호해야 한다. 예를 들어 AI가 환자 CT 영상으로 학습할 때는 환자의 개인정보를 삭제하거나 익명화해 사용하고, 데이터를 저장하거나 전송할 때는 반드시 암호화해야 한다(Lim et al., 2022). 또한 시스템이 해킹되지 않도록 사이버 보안을 철저히 지켜야 한다. 이러한 보안 문제에 대해서는 유럽연합의 「일반정보보호규정(GDPR, General Data Protection Regulation)」, 한국의 「개인정보보호법」 같은 규제가 마련되어 있고, ISO 27001 같은 국제 표준도 제정되어 전 세계적으로 사용되고 있다.

알고리즘 검증

의료 AI 알고리즘은 실제 의료 환경에서 얼마나 정확하고 안정적으로 작동하는지를 입증해야 한다. 예를 들어 흉부 엑스선 판독 AI가 개발되면, 여러 병원에서 얻은 독립적인 데이터로 시험해 진단 정확도를 검증한다(Muehlematter et al., 2021). 국제표준화기구는 알고리즘 성능을 평가할 때 표준화된 성능 지표(정확도, 민감도 등)를 사용하도록 권장하며, 이를 통해 국가 간 AI 성능을 비교하고 신뢰성을 확보할 수 있게 한다(Reddy, 2025).

기술 인증

AI 제품이 시장에 출시되기 위해서는 정해진 표준과 규격에 따라 공식적으로 인증 받아야 한다. 예를 들어 유럽에서 의료 AI가 CE 인증을 받으려면 ISO 13485(의료 기기 품질 관리)와 IEC 62304(의료 소프트웨어 생명주기 관리) 표준에 따라 개발되었음을 증명해야 한다(Reddy, 2025). 미국 FDA의 경우 AI 제품이 시간이 지나면서 업데이트될 때마다 제품을 다시 심사하지 않고도 안전성을 유지할 수 있도록 하는 사전 승인된 변경 관리 계획(PCCP)을 요구한다(FDA, 2021). 이처럼 국제적으로 합의된 표준에 따라 기술 인증을 받는 것은 AI 의료 기기의 신뢰성과 품질을 보장하는 핵심 절차로 자리 잡고 있다.

규제 및 인증을 위한 기술적 고려 사항

의료 AI는 환자 안전과 관련된 기술이기 때문에 규제 기관의 요구 사항을 처음 개발할 때부터 고려해야 한다. 이를 위한 핵심 기술 요소는 크게 세 가지로 나눌 수 있다.

철저한 검증 방법론 적용

AI를 개발할 때는 모델의 성능을 어떻게 평가할지 미리 계획해야 한다. 예를 들어 데이터를 훈련용과 평가용으로 나눠서 AI의 진단 정확도나 오차를 테스트하고, 실제 의료진과 함께 현실적인 상황에서 성능을 평가한다. 이러한 검증은 단순히 성능 확인을 넘어 규제 기관의 필수 요구 사항이다(Lim et al., 2022). 특히 FDA 같은 기관은 데이터 분리 방법이나 검증의 객관성, 반복성 등을 매우 중요하게 보고 있다. 따라서 AI를 개발할 때부터 철저한 평가 계획과 방법론을 적용해야 한다.

신뢰도와 안전성 평가

AI가 실제 의료 환경에서 얼마나 일관되고 안정적으로 작동하는지를 평가하는 것이다. 의료 환경에서는 다양한 환자와 예상치 못한 상황이 많기 때문에, AI가 훈련하지 않은 상황에서도 안정적인 결과를 내도록 설계해야 한다. 예를 들어 특정 환자 그룹(나이, 인종 등)에서 AI의 정확도가 떨어진다면, 개발자는 이를 발견하고 개선해야 한다(Reddy, 2025). 또한 AI가 오류를 낼 수 있는 조건을 미리 파악해 의사에게 경고할 수 있도록 하는 안전장치도 마련해야 한다. 이러한 신뢰성 평가는 ISO

14971 같은 국제 표준에 따라 반드시 문서화해야 하며, AI가 출시된 후에도 지속적으로 성능을 점검하고 필요하면 업데이트하는 절차를 갖춰야 한다(FDA, 2021).

설명 가능성과 투명성 확보

AI가 내린 결정의 이유를 의료진과 환자가 이해할 수 있도록 설명하는 것이 중요하다. 특히 딥 러닝 기술은 작동 과정이 복잡해 이해하기 어렵기 때문에, AI가 왜 특정 질병을 예측했는지 그 근거를 제공해야 한다. 예를 들어 의료 영상에서 AI가 특정 부위를 보고 질병이라고 판단했다면, 해당 부위를 시각적으로 표시해 주는 방법(히트맵)이 사용될 수 있다(WHO, 2021). 현재 EU나 미국 FDA 같은 기관은 고위험 의료 AI에 대해 결정 과정을 설명하도록 요구하고 있으며, 개발자는 모델의 구조, 데이터 사용 방법, 성능 한계 등을 철저히 문서화해 투명하게 공개할 준비를 해야 한다(Reddy, 2025). 이렇게 투명성을 갖춘 AI는 규제 기관의 신뢰뿐 아니라 의료진과 환자의 신뢰를 얻는 데에도 필수적이다.

참고문헌

Cho, J.(2018). Artificial intelligence is around us. Let's pick up!.

Acute and critical care, 33(3), pp.179~181.
https://www.accjournal.org/upload/pdf/acc-2018-00269.pdf

FDA(U.S. Food and Drug Administration)(2021). "Artificial Intelligence and Machine Learning in Software as a Medical Device".

Lim, K. et al.(2022.1.30). Trends in the approval and quality management of artificial intelligence medical devices in the Republic of Korea. *Diagnostics, 12*(2), 355.
https://www.mdpi.com/2075-4418/12/2/355

Reddy, S.(2025). Global harmonization of artificial intelligence-enabled software as a medical device regulation: Addressing challenges and unifying standards. Mayo clinic proceedings: *Digital health, 3*(1), 100191.
https://www.sciencedirect.com/science/article/pii/S294976122400124X

World Health Organization(2021.6.28). "Ethics and governance of artificial intelligence for health: WHO guidance".
https://www.who.int/publications/i/item/9789240029200

Yu, W. et al.(2024). Regulatory responses and approval status of artificial intelligence medical devices with a focus on China. *NPJ digital medicine, 7*(1), 255.
https://pubmed.ncbi.nlm.nih.gov/39294318/

10

의료 AI의 미래

의료 AI의 최신 기술 발전 방향, 병원 운영과 진료 방식의 변화, 그리고 글로벌 의료 격차 해소에 AI가 수행할 역할을 설명한다. 독자들은 의료 AI가 앞으로 어떤 분야에서 어떻게 활용될지 구체적인 이해와 함께, 의료 현장과 일상생활에서 경험하게 될 AI의 영향력을 전망할 수 있을 것이다.

종교와 AI?

멀티모달 AI와 생성형 AI의 활용

최근 의료 분야에서 인공지능은 빠르게 발전하며 진단과 치료, 환자 관리까지 광범위한 분야에서 큰 영향을 주고 있다. 특히 여러 유형의 의료 데이터를 동시에 분석하는 멀티모달 AI와 새로운 데이터를 생성할 수 있는 생성형 AI가 주목받고 있다(Mesko, 2023). 멀티모달 AI는 이미지, 텍스트, 음성 등 다양한 의료 데이터를 한꺼번에 활용해 보다 정확하고 통합적인 진단을 가능하게 한다. 예를 들어, 의사가 단순히 엑스선 영상만 보고 판단할 때 놓칠 수 있는 정보도 멀티모달 AI는 환자의 영상 데이터와 함께 병력이나 증상 설명 같은 임상 정보를 동시에 분석해 더욱 정확한 진단을 할 수 있다. 실제로 한 연구에서는 환자의 흉부 영상과 임상 데이터를 결합한 AI 모델이 COVID-19 환자의 예후를 예측할 때 영상만 분석한 모델보다 정확도가 높게 나타났다(Kwon et al., 2020). 또한 최근 GPT-4 같은 모델은 환자의 사진과 증상 설명을 동시에 분석해 의사와 비슷한 방식으로 복잡한 질병을 진단하는 능력을 보이고 있다(Sorin et al., 2023).

한편, 생성형 AI는 의료 정보를 새롭게 만들어 낼 수 있는 기술로서 맞춤형 치료법이나 신약 개발에 활발히 응용되고 있다. 예를 들어 환자의 유전체 정보, 생활 습관, 기존 병력 등 다양한 정보를 분석해 개인 맞춤형 치료 전략을 세우거나 환자에게 적합한 약물을 빠르게 설계하는 데 활용된다. 실제로 암 환자의 영상 데이터, 조직 검사 결과, 유전자 데이터를 종합 분석해 종양의 특성에 맞는 최적의 치료 방법을 AI가 추천하는 사례가 이미 등장했다(Lipkova et al., 2022). 더 나아가 AI가 설계한 약물이 실제 임상 시험에 진입해 신약 개발 속도를 크게 앞당기는 성과도 있었다(Zhavoronkov et al., 2022).

생성형 AI와 멀티모달 AI는 환자의 상태를 실시간으로 관리하고 진료 과정을 효율화하는 데에도 기여한다. 예컨대 웨어러블 기기를 통해 실시간으로 환자의 심박수나 혈당 수치 같은 데이터를 분석해 질병 악화 가능성을 미리 예측하거나 위급 상황이 발생하기 전에 조기에 경고하는 시스템들이 등장하고 있다(Vikram et al., 2023; Zhu et al., 2021). 나아가 생성형 AI는 환자와 의료진 간의 의사소통이나 행정 업무의 효율성을 높이는 데에도 중요한 역할을 하고 있다. 최근 연구에 따르면 AI 기반 의료 챗봇은 환자의 의료 질문에 대해 의사보다 더 공감적이고 상세하게 설명하는 경우도 있어 향후 의료 서비스 제공 방식에도 영향을 미칠 가능성이 크다(Ayers et al., 2023).

결국 멀티모달 AI와 생성형 AI 기술의 발전은 의료진의 역량을 보완하면서 환자의 건강관리와 진료 과정 전반에 걸쳐 중요한 혁신을 가져올 것으로 기대된다. 다만 이러한 기술은 여전히 보조적 역할을 수행하며, 환자와의 공감적 소통과 최종적인 임상 판단은 인간 의료진의 전문성을 필요로 한다(Mesko, 2023). 따라서 앞으로 AI 기술과 인간 의료진 간의 협력이 더욱 긴밀해지는 방향으로 의료 환경이 변화할 것으로 전망된다.

진료 및 병원 운영의 변화

AI 기술의 발전은 의료 현장의 다양한 측면에서 변화를 이끈다. 우선 진료 현장에서는 의사결정 과정에 AI가 적극적으로 활용되면서, 의료진이 과거의 개인적 경험이나 직관에만 의존하지 않고 데이터에 기반한 객관적인 판단을 내릴 수 있게 되었다. 예를 들어, 환자의 증상과 검사 결과를 종합적으로 분석한 AI가 의심되는 질병이나 적합한 치료법을 제안하면 의사가 이를 검토해 최종 결정을 내리는 방식이다(Bhuyan et al., 2025). 이를 통해 진단의 정확도와 일관성을 높이고 의료진의 부담을 줄이는 효과를 기대할 수 있다.

또한 병원의 전반적인 운영 효율성도 AI 도입을 통해

크게 개선되고 있다. 특히 병원 내 일정 관리나 인력 배치 등 복잡한 운영 문제에서 AI의 역할이 돋보인다. 실제로 수술 일정 관리에 AI 시스템을 적용한 사례에서는 수술 시작 시간이 더 정확해지고 환자와 의료진의 대기 시간이 단축되는 결과를 얻었다(Zhu et al., 2022). 이러한 효율성 향상은 궁극적으로 환자의 만족도를 높이는 데도 기여한다.

이러한 운영 효율화는 간호 업무와 병원 행정 업무에서도 두드러진다. AI 기반 음성 인식 시스템은 의사의 음성을 자동으로 기록으로 전환해 행정 업무 부담을 줄여주고, 간호 업무에서도 투약 기록이나 환자 상태 모니터링 같은 반복적인 업무가 자동화되어 의료진이 보다 환자 돌봄에 집중할 수 있게 되었다(Bhuyan et al., 2025). 예를 들어 환자 상태를 실시간으로 모니터링해 낙상 같은 사고를 미리 경고하는 스마트 센서 시스템은 이미 많은 병원에서 도입되고 있다.

한편 병원을 찾는 환자들의 경험 또한 AI 덕분에 편리해지고 있다. AI 챗봇이 간단한 증상 상담이나 진료 안내를 24시간 제공해 즉각적인 응답을 받을 수 있고, 만성 질환 환자에게는 AI 기반 개인 맞춤형 관리 앱이 식단 조언이나 복약 시간 알림 같은 서비스를 제공한다

(Forouzanfar et al., 2024). 이러한 기술은 환자가 더욱 능동적으로 치료에 참여할 수 있도록 도와주고, 의료진이 더 중요한 진료 업무에 집중할 수 있는 여유를 만들어 준다.

이처럼 AI는 진료 환경에서부터 병원의 행정 운영, 환자 서비스에 이르기까지 의료 전반에 걸쳐 자연스럽고 유기적으로 통합되고 있고, 환자와 의료진 모두가 혜택을 얻는 방향으로 발전하고 있다. 하지만 AI의 혜택을 극대화하기 위해서는 의료진이 AI의 결과를 신뢰하면서도 비판적으로 판단할 수 있도록 적절한 교육과 윤리적 활용 방안이 함께 마련되어야 할 것이다.

글로벌 보건 접근성과 격차 해소

의료 AI는 의사나 병원 같은 의료 자원이 부족한 지역에서도 양질의 의료 서비스를 받을 수 있도록 돕는 중요한 역할을 한다. 특히 의료 인프라가 열악한 지역에서는 전문 의료진의 도움을 받기 어려운 경우가 많은데, AI 기술을 활용하면 제한된 자원을 효율적으로 사용할 수 있다 (Zuhair et al., 2024).

이러한 의료 AI 활용의 대표적인 예가 원격 진단 시스템이다. 예를 들어 결핵이 흔한 지역에서 환자가 촬영한 흉부 엑스레이 영상을 AI가 즉시 분석해 결핵 의심 여부를 현지 의료진에게 알려준다. 최근 연구에서도 저자원 국가에서 AI 기반 이동형 엑스레이 진단 시스템을 활용해 결핵 환자를 조기에 발견하고 전염 확산을 효과적으로 막은 사례가 보고된 바 있다(Onno et al., 2023). 이와 같은 원격 AI 진단은 의료 인력이 부족한 곳에서도 적은 비용으로 빠르고 정확한 의료 지원을 가능하게 한다.

뿐만 아니라 AI는 각 지역의 언어나 문화에 맞춘 의료 정보를 쉽게 제공할 수 있다. 예를 들어 AI 기반 챗봇은 다양한 언어로 환자들의 질문에 실시간으로 응답하며, 정확한 의료 정보를 제공한다. 이를 통해 언어 장벽이나 정보 부족으로 의료 서비스를 제대로 받지 못했던 지역의 건강 격차를 해소할 수 있다(Zuhair et al., 2024).

나아가 AI는 질병 발병 데이터를 분석해 각 지역에 맞는 맞춤형 의료 정책을 수립하거나, 전염병 같은 글로벌 위기를 조기에 경고해 빠른 대응을 돕는 데도 활용된다. 이처럼 의료 AI의 활용이 확대될수록 전 세계적으로 의료 서비스 접근성이 높아지고 지역 간 건강 불평등도 점차 줄어들 것으로 기대된다.

참고문헌

Ayers, J. W. et al.(2023.6.1). Comparing physician and artificial intelligence chatbot responses to patient questions posted to a public social media forum. *JAMA internal medicine, 183*(5), pp.403~409. https://pubmed.ncbi.nlm.nih.gov/37115527/

Bhuyan, S. S. et al.(2025.1.16). Generative artificial intelligence use in healthcare: Opportunities for clinical excellence and administrative efficiency. *Journal of medical systems, 49*(1), 10.
https://link.springer.com/article/10.1007/s10916-024-02136-1

Kwon, Y. J. F. et al.(2020.12.16). Combining initial radiographs and clinical variables improves deep learning prognostication in patients with COVID-19 from the emergency department. *Radiology: Artificial intelligence, 3*(6), e200098.
https://pubmed.ncbi.nlm.nih.gov/33928257/

Mesko, B.(2023). The impact of multimodal large language models on health care's future. *Journal of medical internet research, 25*, e52865.
https://www.jmir.org/2023/1/e52865/

Onno, J. et al.(2023.6). Artificial intelligence-based computer-aided detection (AI-CAD) in the fight against tuberculosis: Effects of moving health technologies in global health. *Social Science & Medicine, 327*, 115949.
https://pubmed.ncbi.nlm.nih.gov/37207379/

Zhu, Y. et al.(2022.9.23). Application of multimodal identification technology in innovative management of the operating department. *Frontiers in surgery, 9*, 964985.

https://www.frontiersin.org/journals/surgery/articles/10.3389/fsurg.2022.964985/full

Zuhair, V. et al.(2024). Exploring the impact of artificial intelligence on global health and enhancing healthcare in developing nations. *Journal of primary care & community health, 15*, 21501319241245847. https://pubmed.ncbi.nlm.nih.gov/38605668/

윤규백

이화여자대학교 인공지능대학 인공지능소프트웨어학부에서 연구교수로 재직 중이다. 의료 인공지능 기술 개발을 중심으로 활발한 연구 활동을 이어가고 있다. 연세대학교 기계공학과에서 박사 학위를 취득하며 다이내믹스(Dynamics) 및 컨트롤(Control) 분야의 연구 성과를 인정받아 대한기계학회에서 매년 단 한 차례 수여하는 우수박사학위논문상을 수상했다. 주요 연구 분야는 의료 영상 기반 인공지능 기술로, 다양한 의료영상을 활용한 질병 진단 및 예후 예측에 초점을 맞추고 있다. SCI 상위 5% 이내의 다수 논문 게재를 포함해 미국기계학회(ASME) 초청 세션, Global Dental AI Symposium, Harvard University에서의 강연 등으로 국제적으로 큰 주목을 받고 있다.